低碳食品技术创新：
双碳背景下食品产业绿色发展的路径及案例

Low-carbon Food Technology Innovation:

Pathways and Cases for the Green Development of the Food Industry under the Dual Carbon Background

李丽华◇著

华中科技大学出版社
http://press.hust.edu.cn
中国·武汉

内 容 提 要

本研究围绕低碳食品技术促进食品产业低碳化发展，从概念界定、理论指导、创新路径、影响分析等方面展开系统研究。本研究构建了低碳技术创新对食品产业发展的影响评估框架（LTI-SCP），将低碳技术创新作为外部冲击因素，分析其对食品产业结构、行为及绩效的深层次影响，并提出了促进食品产业低碳化发展的政策建议和实践路径。此外，本研究选取81家食品企业作为案例企业，具体分析了其在低碳技术应用中的实践和成效，旨在为食品企业绿色转型提供经验借鉴和指导。

图书在版编目（CIP）数据

低碳食品技术创新：双碳背景下食品产业绿色发展的路径及案例 / 李丽华著. -- 武汉：华中科技大学出版社，2025.4. -- ISBN 978-7-5772-1847-2

Ⅰ . F426.82

中国国家版本馆CIP数据核字第2025RP2077号

低碳食品技术创新：双碳背景下食品产业绿色发展的路径及案例　　　　　　　　　李丽华　著
Ditan Shipin Jishu Chuangxin : Shuangtan Beijing Xia Shipin Chanye Lüse
Fazhan de Lujing ji Anli

策划编辑：王　乾　陈思宇

责任编辑：鲁梦璇

封面设计：原色设计

责任校对：李　弋

责任监印：曾　婷

出版发行：华中科技大学出版社（中国·武汉）　　　电话：（027）81321913
　　　　　武汉市东湖新技术开发区华工科技园　　　邮编：430223

录　　排：孙雅丽

印　　刷：武汉市洪林印务有限公司

开　　本：710mm×1000mm　1/16

印　　张：10.75

字　　数：169千字

版　　次：2025年4月第1版第1次印刷

定　　价：59.80元

前言 FOREWORD

在全球范围内,碳减排和低碳经济的发展已成为应对气候变化、实现可持续发展的重要手段。我国近年来大力推进碳达峰和碳中和目标的实现,坚定不移地走绿色低碳的发展道路,以生态文明建设为核心,加快推动现代经济体系和创新型国家建设。在这一宏观背景下,食品产业作为与人们生活和经济息息相关的重要领域,其绿色低碳转型势在必行。食品产业在生产、加工、流通等多个环节均会产生大量碳排放,在技术创新方面对低碳化发展提出了更高要求。

本研究聚焦低碳转型过程中的关键问题,尝试从理念革新、技术路径、制度支撑、消费导向与产业协同等方面,构建出一套较为系统的研究框架与实践指引,以"低碳技术创新对低碳食品产业发展的影响与应对策略"为核心研究目标,对我国在推动低碳食品技术创新方面的实践进行了剖析,系统地探讨低碳技术如何影响食品产业的结构、行为和绩效。本研究以SCP分析框架为基础,通过详细构建LTI-SCP分析框架,深入分析低碳技术创新作为外部冲击因素对食品产业的深远影响,明确其在食品产业绿色转型和健康发展上的重要性和必要性,结合国家绿色战略要求,提出具体路径和实施策略。同时,本研究选取了81家食品企业作为案例,采用跟踪调查和问卷结合的系统研究方式,获取企业数据,总结并展示了这些企业在低碳技术创新领域的实践探索和成效,以期为我国食品产业的绿色发展提供重要参考。

目录 CONTENTS

第1章 绪 论

　　轻工产业为消费者提供了丰富的生产消费资料。食品产业链包括生产、加工、包装、运输等环节,随着经济的快速发展,食品产业链内部也有了更细致的划分,伴随着技术经济融入食品产业发展,每一次新技术的出现都会给食品产业链带来一定的变革。本研究围绕低碳技术创新对食品产业发展的影响展开分析,重点探讨低碳技术冲击下食品产业从传统高耗能生产方式向低碳发展模式转型的过程。本章作为整个研究的导入部分,主要承担以下功能:阐明研究背景与意义,明确研究目标与内容,说明研究方法与技术路线,对涉及的核心概念进行界定,并对相关理论及其指导作用进行简要阐述,从而为后续研究构建科学的方法论基础。

1.1 研究背景与研究意义

1.1.1 研究背景与问题的提出

1. 研究背景

　　低碳经济发展问题是全球高度重视的关键议题,其顺应了新一阶段的经济转型趋势,而低碳食品产业发展是低碳经济发展的重要组成部分,本研究主要基于以下背景。

　　(1) 全球所面临的过量碳排放与气候变化问题亟须重视与解决。

　　18世纪以来,三次工业革命在创造巨大物质财富的同时,也带来了严重的生态环境破坏。联合国开发计划署(UNDP)在《2007/2008年人类发展报告》中指出,气候变化与二氧化碳排放有关。同时也提出,气候变化将会带来"双重灾难":首先是世界贫困人民的发展倒退,接着是全人类长期遭受威胁。由于全球工业生产自工业革命以来呈阶梯式增长,其消耗的化石能源所排放的二氧化碳占全球碳排放总量的95％以上。Stern(2007)认识到，工业生产中以二氧化碳为主的温室气体（Greenhouse Gas,GHG）排放（主要包括二氧化碳、氧化亚氮和甲烷等）成为诱发气候变暖的主要原因，更是全球可持续发展的巨大阻碍。

随着全球经济的持续发展，二氧化碳等温室气体的排放量也在不断攀升，这势必对全球气候变化产生日益显著的影响。在此背景下，控制温室气体排放、遏制全球气候变暖已成为国际社会共同关注的重大议题和核心共识。2015年，巴黎气候变化大会（《联合国气候变化框架公约》第二十一次缔约方大会暨《京都议定书》第十一次缔约方大会）召开，旨在推动195个国家和欧盟达成统一协议。此前，联合国气候变化大会已经召开了20次，其主要背景是工业化程度较高的发达国家是温室气体排放大国，发展中国家的人均温室气体排放量仍相对较低。长期以来，全球的温室气体排放量一直没有得到有效控制，各国亟须以更高程度的重视和更紧密的协作来应对这一全球性挑战。

国家主席习近平出席了巴黎气候变化大会，并全面阐释了中国对推进全球气候治理的目标和意见。同时他指出，中国将落实创新、协调、绿色、开放、共享的新发展理念，通过科技创新和体制机制创新，实施优化产业结构、构建低碳能源体系、发展绿色建筑和低碳交通、建立全国碳排放交易市场等一系列政策措施，形成人和自然和谐发展现代化建设新格局。因此，在这一全球背景下，研究低碳食品产业发展问题具有重要现实意义。

（2）促进碳减排与经济发展低碳化已经成为全球经济发展的基本要求。

低碳经济的提出与全球气候变化问题密切相关，控制全球气候的温室效应变化，需要有效控制碳排放，发展低碳经济符合有效控制的需要。这也是全球性的重大问题。为此，在联合国倡议下，多个国家都做出了积极的回应和努力。2003年，英国提出了低碳经济（Low-Carbon Economy,LCE），随后这一理念及其衍生出的降低碳排放、转变经济增长方式等被包括中国在内的国际社会广泛认同；美国提出了"绿色能源技术"（Green Energy Technology,GET）；日本倡导建设"低碳社会"（Low-Carbon Society,LCS）；韩国重点部署低碳和环保结合下的"绿色低碳增长战略"（Low-Carbon Green Growth Strategy,LCGGS）。薛进军等(2011)在《低碳经济蓝皮书：中国低碳经济发展报告(2011)》中，总结出中国提出的低碳发展方向有"低碳发展""低碳城市""生态与低碳"等建设理念。《低碳经济蓝皮书：中国低碳经济发展报告(2016)》则提出，《巴黎协定》的达成是一个很好的信号，是关于可持续发展以及低碳经济发展的信号，也给一些相关行业包括可再生能源行业与节能减排市场化及商业化等指明了方向。低碳食品产业的发展，也就有了其客观依据和努力的方向。

(3)可持续发展与生态文明建设新形势及新趋势的新要求。

可持续发展(Sustainable development)概念的提出，最早可追溯到1980年由世界自然保护联盟(International Union for Conservation of Nature and Natural Resources，IUCN)、联合国环境规划署(United Nations Environment Programme，UNEP)、世界自然基金会(World Wildlife Fund，WWF)共同发表的《世界自然资源保护大纲》，以及1987年世界环境与发展委员会(World Commission on Environment and Development，WCED)发表的《我们共同的未来》等，进一步明确了可持续发展的基本概念与内涵，为全球生态文明建设奠定了理论基础。1992年6月，里约热内卢召开的联合国环境与发展大会通过了以可持续发展为核心的《里约环境与发展宣言》和《21世纪议程》等重要文件。

在学术界，Roy(1995)的学术论文《生态民主》(*Ecological Democracy*)中较明确地阐明了"生态文明"的含义，指出生态文明将是继工业文明之后的新型文明形态。近年来，随着研究的深入，Halati等(2018)、Everard等(2018)、Tsai等(2018)和Juraschek等(2018)将可持续发展理念的研究深入到环境、人口发展、产业动态转型、城市工业与城市发展等层面，将理论研究应用于实践。

在中国，可持续发展理念逐步融入国家发展战略。1992年，中共中央、国务院公布了《中国环境与发展十大对策》，1994年发布了《中国21世纪议程——中国21世纪人口、环境与发展白皮书》，可持续发展战略在全国经济和社会发展规划中的地位越来越高。此后，该战略在1997年得到进一步深化，并在科学发展观指导下持续推进。进入21世纪后，中国的发展重点逐步转向低碳经济和生态文明建设。党的十八大进一步提出，推动工业文明与生态文明协同发展，标志着可持续发展理念的深化与实践拓展。习近平总书记在党的十八届五中全会上，提出了创新、协调、绿色、开放、共享的新发展理念。其中，绿色发展理念以人与自然和谐为价值取向,以绿色低碳循环为主要原则,以生态文明建设为基本抓手。2016年12月,中共中央办公厅、国务院办公厅印发了《生态文明建设目标评价考核办法》;2016年12月22日,国家发展改革委、国家统计局、环境保护部、中央组织部联合印发了《绿色发展指标体系》和《生态文明建设考核目标体系》,作为生态文明建设评价考核的主要依据。

在可持续发展与生态文明建设的宏观环境下,在绿色低碳循环的发展原则指导下,在经济、社会、生态以及各产业与各种经济社会活动中,都必须切实贯彻相关核心理念,遵循相应的行为准则,符合相关的评价考核要求。低碳食品产业的发展,同样需要完全纳入这样的宏观环境与总体要求之中。

(4) 党的十九大提出了更明确和更宏大的目标任务与要求。

党的十九大报告把"坚持人与自然和谐共生"作为新时代坚持和发展中国特色社会主义的基本方略之一,要求"发展必须是科学发展,必须坚定不移贯彻创新、协调、绿色、开放、共享的发展理念"。同时在"贯彻新发展理念,建设现代化经济体系"方面,要求在绿色低碳等领域培育新增长点、形成新动能;强调"加快建设创新型国家",要求"深化科技体制改革,建立以企业为主体、市场为导向、产学研深度融合的技术创新体系,加强对中小企业创新的支持,促进科技成果转化"。

本研究关注低碳技术创新、研究低碳食品产业发展问题,正是顺应党和国家的大政方针与基本形势需要。

(5) 各界别和各阶层对低碳食品产业的推进工作方兴未艾。

从前述宏观背景可见,低碳食品产业发展十分重要且非常紧迫。然而受多方面因素综合影响,我国低碳食品产业无论在学术界的理论研究、政府各级管理部门指导,还是相关企业的技术创新与实践运营方面,均处于持续推进阶段——虽已取得初步成效,但仍面临诸多困难与挑战。低碳食品产业的综合发展仍处于起步阶段,亟须加强研究并推进有效的产业实践,以期更早和更好地取得理想成效。

2. 问题的提出

在前述宏观背景下,结合中国作为人口大国的国情,食品产业具有地位突出、涉及面广、意义重大等特点。低碳食品产业发展的理论与实践问题是生态文明建设与可持续发展的重要组成部分,其发展过程中的低碳化转型,要求我们研究解决低碳食品发展诸多环节的现实问题。为有效解决这些问题并更好地指导实践,更需要深入研究低碳食品发展的相关理论与方法论指导问题。食品企业是组成食品产业的重要基层单位,而低碳食品产业则由拥有低碳食品技术的食品企业组成。技术是生产力,技术创新就是产业发展的持续动力。在轻工产业技术经济领域,低碳发展的关键在于如何使技术价值通过合理的市场化运作得以实现,并转化为实际商业效益。为了更好地推动低碳食品产业发展,实现技术在经济中的运用价值,明确低碳技术创新通过何种机制提升食品企业绩效,进而推动产业升级,具有重要的现实意义。为此,本研究将系统探讨低碳技术创新对低碳食品产业发展的影响,以寻求客观科学的发展路径,从而在理论与方法论层面提供有益指导,并为实践提供具体可行的策略建议。

1.1.2　研究意义

1. 理论意义

(1) 探讨低碳食品产业发展的理论传承与理论发展问题。

本研究从加强低碳食品发展理论依据的视角出发,分析低碳经济理论、可持续发展理论、生态文明理论等的基本思想、基本观点与应用要求等,探讨这些理论与低碳食品产业发展的相互关系,并分析低碳食品产业如何与这些理论相结合,从而为低碳食品产业的理论传承与发展提供依据,同时拓展相关理论在低碳食品领域的研究空间。

(2) 探讨低碳技术创新(侧重于低碳食品技术创新)与低碳食品产业发展的理论问题。

该问题具体包括分析界定低碳技术创新与低碳食品技术创新的理论内涵,分析低碳食品技术创新范畴及其技术特征,分析界定低碳食品产业的理论内涵和主要特征、低碳食品产业的基本构成与内部结构特点,以及低碳食品产业链及其相互关系特征等。这一研究将为轻工食品产业在新时期的低碳技术创新与发展提供新的理论视角,并拓展相关学术研究的边界。

(3) 探讨低碳食品技术创新对低碳食品产业发展的综合影响与内在关联。

本研究分析行业与企业低碳食品技术创新对低碳食品产业发展的影响与互动关系,分析低碳食品技术创新促进低碳食品产业发展的路径与机制,科学地论证两者的互动逻辑关系,阐明低碳食品技术创新对低碳食品产业发展的促进机制。

(4) 提出实现低碳食品产业发展的重要因素是实现低碳技术创新。

根据轻工产业技术经济特点,结合现代产业经济学的"结构—行为—绩效",即SCP(Structure-Conduct-Performance)分析框架,本研究构建了低碳技术创新条件下的食品产业发展的机制路径。低碳技术创新作为外部冲击,能够激活食品产业各环节,从而形成"技术创新→产业升级"的促进路径。

与传统SCP分析框架相比,本研究构建的路径与机制一方面在微观层面克服了传统SCP分析框架遗漏变量的缺点,并主要从低碳技术创新的角度研究了外部冲击对SCP体系的影响。另一方面,在宏观层面综合了产业结构、企业行为和企业绩效这三个SCP核心要件之间的相互关系,由此将产业的发展体现为产业结构、企业行为和企业绩效这三个核心要件之间相互作用关系的升级和改善,弥补了传统SCP分析框架在内生性方面考虑不足的问题。

2. 实践意义

(1) 研究成果将具有普遍的指导意义和实践应用参考价值。

本研究对低碳食品技术创新、低碳食品产业与低碳食品产业链等理论概念进行了明确界定;系统分析了低碳经济理论及其与低碳食品的相互关系,阐释了低碳经济理论对低碳食品产业发展的指导作用;深入探讨了低碳经济理论、可持续发展理论与生态文明理论在低碳食品产业发展中的具体体现及其对产业可持续发展的要求;同时揭示了低碳食品技术创新对低碳食品产业发展的促进机制,以及低碳食品产业发展与SCP分析框架的理论关联与拓展。这些理论研究成果将为低碳食品技术创新与产业发展的具体实践提供普遍性指导,并具有重要的实际应用价值。

(2) 有利于支持低碳经济发展,以及碳排放与全球气候变化控制的全球性工程。

食品行业规模庞大,产业链或相关产业网络覆盖面广,其生产经营活动产生的碳排放量大、影响面广。加强低碳食品技术创新及其实践应用的研究,加强基于低碳技术创新的低碳食品产业发展研究,有利于指导和调控低碳食品技术创新与低碳食品产业发展的一系列实践活动。由于低碳食品产业是发展低碳经济的重要组成部分,当前世界各国都在关注碳排放及其对全球气候与生态环境的影响,大力推进低碳经济发展,以及碳排放与全球气候变化控制的系统工程,依托低碳技术创新推进低碳食品产业的发展,具有重要的实践价值。

(3) 有利于贯彻党的十九大、党的二十大精神,更好地"贯彻新发展理念,建设现代化经济体系"。

习近平总书记在党的十九大报告中明确指出,中国特色社会主义进入了新时代,我国社会主要矛盾已经转化为人民日益增长的美好生活需要和不平衡不充分的发展之间的矛盾。同时,习近平总书记提出了"坚持新发展理念""坚持人与自然和谐共生"等十四条新时代坚持和发展中国特色社会主义的基本方略,强调必须坚定不移贯彻创新、协调、绿色、开放、共享的新发展理念,要求"贯彻新发展理念,建设现代化经济体系"。习近平总书记在党的二十大报告中明确提出,推动绿色发展,促进人与自然和谐共生,加快发展方式绿色转型。同时强调,推动经济社会发展绿色化、低碳化是实现高质量发展的关键环节。这些精神与要求均与低碳食品技术创新及低碳食品产业发展密切相关,必须通过低碳食品技术创新和低碳食品产业发展的实践落实。由此可见,推动低碳食品技术创新引领下的低碳食品产业健康持续发展,正是贯彻落实党的十九大和二十大精神的必然要求。

(4) 有利于"加快建设创新型国家"。

党的十九大报告明确指出,要加快建设创新型国家。创新的力量来自创新主体,创新主体主要是企业和个人等行为主体。一个产业由产业内企业及其相关企业构成,产业的发展则通过企业的发展和共同推动来实现。党的二十大报告进一步提出,"加快推动产业结构、能源结构、交通运输结构等调整优化。实施全面节约战略,推进各类资源节约集约利用,加快构建废弃物循环利用体系。完善支持绿色发展的财税、金融、投资、价格政策和标准体系,发展绿色低碳产业,健全资源环境要素市场化配置体系,加快节能降碳先进技术研发和推广应用,倡导绿色消费,推动形成绿色低碳的生产方式和生活方式。"因此,低碳食品技术创新及其对低碳食品产业发展的推进作用,本质上就是从企业及产业层面推进技术的创新,从而推进创新技术在食品产业中的转化与应用。当各个产业都从生产经营活动层面推进低碳技术创新及其转化应用时,就能在全社会形成创新氛围,持续推动创新发展,从而促进创新型国家建设。

(5) 有助于食品产业的转型升级,以及现代化水平提升与可持续健康发展。

技术创新是产业发展的核心动力,基于低碳技术创新的有效推动是食品产业转型升级与可持续健康发展的根本基础与重要保障。本研究有利于低碳食品技术创新的推进,有利于低碳食品技术创新与低碳食品产业发展的有机结合,有利于新时期新发展理念下我国食品产业的转型升级,以及现代化水平提升与可持续健康发展。

1.2　研究内容与研究方法

1.2.1　研究目标与研究内容

1. 研究目标

本研究的总体研究目标是探讨低碳技术创新对低碳食品产业发展的影响与应对策略。具体的分目标如下。

一是阐明研究的选题依据。梳理相关研究进展与不足,明确本研究的意义与价值。

二是探讨研究的理论依据。主要包括界定低碳食品技术创新、低碳食品产业与低碳食品产业发展等概念,分析低碳经济理论、可持续发展理论、生态文明理论对低碳食品产业发展的指导作用,分析低碳技术创新对食品企业效益的影响,探讨促进食品产业发展的路径,以及SCP分析框架在低碳食品产业发展中的拓展应用等问题。

三是剖析研究的现实依据。从企业和行业层面,分析低碳技术创新对食品产业发展的多维影响,探究可持续发展路径与机制,为判断低碳技术创新对低碳食品产业发展的影响提供依据。

四是提出低碳技术创新背景下低碳食品产业发展的对策。本研究包含相关理论问题探讨与理论依据、现实依据与低碳技术创新背景下低碳食品产业发展的情况，论证提出低碳技术创新背景下低碳食品产业可持续发展的实践策略与具体措施。

2. 研究内容

本研究按照"提出问题—已有研究依据—相关理论依据与现实实证依据—解决问题"的逻辑主线，设置契合研究主题的研究内容，具体包括以下几点。

一是将研究背景和意义阐述清楚，明确研究目标和主要方向，确定研究方法与技术路线，阐明主要概念与相关理论。

二是系统回顾与评述现有研究成果，总结现有研究的主要贡献与不足，并指出本研究的创新空间。

三是构建理论框架，从理论上分析低碳技术创新对食品产业发展及企业绩效的影响。具体包括：①建立低碳技术创新影响食品产业发展的LTI-SCP分析框架（Low-carbon Technology Innovation-SCP Framework）。②提出假设。H1：低碳技术创新能够为食品产业中的企业带来更好的经济绩效与生态绩效；H2：低碳技术创新影响食品产业发展的机制路径表现为，低碳技术创新将促进食品产业结构的优化，而食品产业结构的优化将促进企业实施低碳生产行为，由此企业的低碳生产行为能够使企业获得经济绩效和生态绩效。从理论上提出和论证"低碳技术创新是否能够给企业带来绩效"以及"低碳技术创新通过何种机制为企业带来绩效"两个关键问题。

四是以低碳食品企业作为低碳食品产业发展的重要组成部分，将典型的低碳食品企业案例作为研究对象，验证理论框架，既衔接理论分析，又为后续实证研究提供经验支撑。

五是对81家食品加工企业的样本数据进行描述与处理，一方面通过样本展现理论分析涉及的低碳技术创新、食品产业结构、食品企业行为与食品企业绩效等方面的情况，另一方面通过对数据进行因子分析，为后文的实证分析奠定数据处理基础。

六是对"低碳技术创新是否能够给企业带来绩效"问题的回答。验证二者相关性是论证第3章提出的理论逻辑的前提。只有低碳技术创新与企业绩效之间确实存在显著关系,后续机制分析才有意义,理论框架的合理性才能成立。

七是在证实相关性的基础上,进一步探究低碳技术创新对企业绩效的作用机制,检验其是否符合SCP分析框架的理论预期。

八是基于前文分析及低碳食品产业可持续发展的实际需要,提出低碳技术创新背景下低碳食品产业健康持续发展的对策建议。

1.2.2　研究方法与技术路线

1. 研究方法

为有效支撑研究目标的实现,基于研究内容,拟有针对性地采取以下研究方法。

(1) 多学科理论知识综合运用与综合分析的研究方法。

本研究的研究对象涉及面广,需综合运用技术经济学、生态经济学、管理科学等学科的理论、思维方法与技术手段,指导整体研究工作。

(2) 文献分析与归纳演绎的研究方法。

该研究方法主要运用于国内外相关理论研究进展与理论成果梳理等方面的研究工作。通过收集相关文献、分析文献内容以及对研究成果进行归纳演绎,明确技术创新、食品产业技术创新及食品产业发展的理论成果、研究进展与基本现状。

(3) 理论分析与理论推理、逻辑分析与逻辑推理相结合的方法。

理论分析与理论推理研究方法主要用于界定食品技术创新、低碳食品产业与低碳食品产业发展等相关理论概念及其内涵,分析相关理论的应用要求,探讨低碳经济理论、生态文明理论、可持续发展理论与本研究主题的关联性、指导作用及应用要求,研究低碳食品技术创新的规律、低碳技术创新对低碳食品产业发展的促进机制,以及低碳技术创新与低碳食品产业发展的内在关联特征等理论问题。

逻辑分析与逻辑推理研究方法主要用于分析我国低碳技术创新背景下低碳食品产业的发展基础、总体现状、存在问题、发展方向与发展思路,并针对性地论证提出低碳技术创新背景下低碳食品产业健康持续发展的实践策略与对策措施。

(4) 定性分析与定量研究的研究方法。

在定性分析的基础上,结合SCP分析框架及其拓展,运用数据资料整理分析、结构方程模型等方法,对我国低碳技术创新与低碳食品产业发展进行实证分析,包括低碳技术创新对低碳食品产业结构优化与发展的作用过程分析,以及低碳技术创新对低碳食品产业发展的作用机理分析等,从而更深入、科学地揭示和研判我国低碳技术创新背景下低碳食品产业的发展现状。

(5) 资料收集分析与实地调研的研究方法。

本研究通过资料收集分析方法获取研究所需要的理论资料、文献资料、数据资料及背景资料,同时结合实地调研,前往江苏省等实证案例地区及相关管理部门与企业,收集必要的现实资料。

(6) 访问咨询与科学论证的研究方法。

针对我国低碳技术创新与低碳食品产业发展现状、存在问题及成因,基于对低碳技术创新背景下低碳食品产业发展基础、发展环境、发展方向与发展前景的综合研判,以及对我国低碳技术创新背景下低碳食品产业健康持续发展的实践策略与对策措施的研究,通过访问咨询、书面意见征询等多种方式对有关专家学者、政府管理部门、相关企业进行多角度、多维度的综合咨询,再结合科学论证与反复研讨,使相关研究成果更加具有科学性与实践指导价值。

2. 技术路线

本研究写作的总体思路,是基于低碳技术创新背景下低碳食品产业健康持续发展的必要性与重要性,结合研究背景与发展需要,确定研究目标;针对研究目标与研究任务寻求理论基础依据、探讨揭示相关理论问题并解决相关理论问题;进而进行我国食品产业发展低碳化的现状以及内在原因与存在问题等现实情况的充分剖析,获得解决问题的现实依据;有针对性地提出低碳技术创新背景下低碳食品产业可持续发展的对策措施,进而实现解决问题的目的。围绕这一研究思路,构建为完成研究目标任务而具体运用的技术思路与技术流程、技术方法与技术手段及其逻辑关系与逻辑安排,形成了低碳技术创新对食品产业发展的影响与对策研究的技术路线示意图(见图1-1)。

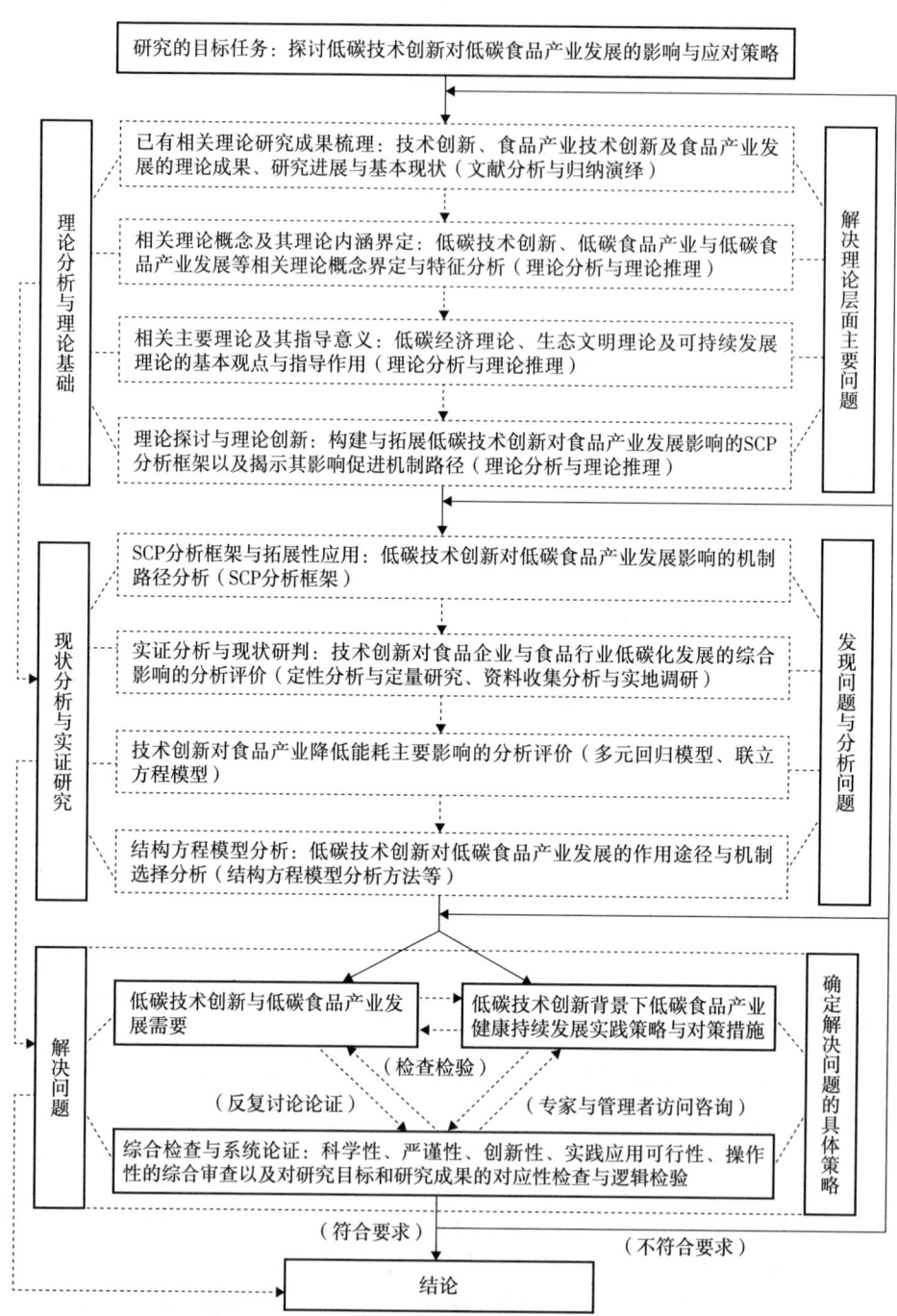

图 1-1　低碳技术创新对食品产业发展的影响与对策研究的技术路线示意图

1.3　基本概念界定

1.3.1　低碳技术创新与低碳食品技术创新

本研究将低碳技术创新定义为,以实现食品低碳化为目标,推动食品产业低碳化并最终形成低碳食品产业链的技术创新。基于1.3.2对低碳食品的解释,以及本研究第2章关于技术创新的界定,低碳食品技术创新可界定为贯穿低碳食品从研发到生产加工、包装储运、销售仓储、消费与回收等全环节的技术创新活动。

低碳食品技术创新具有以下显著特征:一是技术属性,强调在技术维度进行创新;二是低碳导向性,即以实现低碳目标为导向的技术创新;三是跨行业性,其技术范围涉及科研、农业、工业、运输业、服务业等多个行业领域;四是安全性要求,不仅关注技术运用过程的安全,更强调在研发、生产、加工、包装、储藏、运输、销售、消费各环节确保食品本身的安全性,保障消费者健康。

1.3.2　低碳食品、低碳食品产业与低碳食品产业链

(1) 低碳食品。

杨孝伟等(2011)综合学术界研究成果指出,低碳食品并非指食品本身碳含量低,而是强调食品在研发、生产、运输、消费等全环节实现低碳消耗。因此,低碳食品具有双重特征:一方面体现生态环保、低能耗低排放的特点;另一方面涉及从研发到生产加工、包装、储运、销售、仓储、消费与回收等完整的"食品活动"体系,是低碳经济的重要组成部分。

(2) 低碳食品产业。

基于上述低碳食品的解释,以及产业经济学对产业概念的一般界定,低碳食品产业可以界定为从事与低碳食品生产经营活动有关的企业及其生产经营活动的集合体。低碳食品产业的本质是"低碳化的食品产业"或"食品产业的低碳

化",即食品产业的发展具有低碳化目标、低碳化要求与低碳化的内涵。低碳食品产业的明显特点不同于第一、第二、第三产业等产业划分中所指的产业内涵,而是围绕低碳食品的生产经营活动横跨第一、第二、第三产业分布。

(3) 低碳食品产业链。

现有文献中,鲜有"低碳食品产业链"的具体界定,笔者对相关研究进行了分析,凝练提出了"低碳食品链"和"低碳食品产业链"的概念,认为低碳食品活动包含研发、生产、加工、包装、储藏、运输、销售、消费等主要环节,这些环节就构成了低碳食品链。基于对"低碳食品链"的理解,以及前述关于低碳食品和低碳食品产业的分析,"低碳食品产业链"可以归纳为围绕低碳食品生产加工、包装运输、食品消费等环节开展生产经营活动的有关企业及其所属行业的链式组合。该产业由低碳食品研发与科技成果转化行业、低碳食品种养行业、生产加工与包装行业、仓储与运输物流行业、销售服务行业、低碳食品消费(回收)服务行业等构成,并具有连续而有组织的生产经营活动的相关产业(行业)链式体系。

1.3.3　低碳食品产业发展

"发展"应包含量的增加与规模的扩大,也包括质的优化与结构变化。基于上述关于低碳食品产业的解释,"低碳食品产业发展"就是围绕低碳食品生产经营活动的相关产业(行业)的规模扩大与结构优化。具体而言,低碳食品产业发展主要体现在以下三个层面:①产业链各环节的发展——包括低碳食品研发、种养加工与包装、仓储运输、销售与消费等各环节的数量增长与结构改善;②产业链整体的发展——表现为各环节组成的产业整体的规模扩大;③产业链协同发展——体现在各环节之间的协调关系优化以及整体结构(功能)的持续升级。

1.3.4　低碳技术创新与低碳食品产业发展的关系

低碳食品产业的最大特点,就是食品产业中的企业采用了低碳技术创新。因此,本研究认为,当食品产业中的企业采用了低碳技术创新,这些企业就已经属于低碳食品产业,成为低碳食品产业的重要组成部分,而它们的进步和发展,也就影响并代表着低碳食品产业的发展。基于上述概念界定,在研究的实证部分,鉴于实证调查条件和数据可得性的实际情况,本研究将通过观察低碳技术创新对食品产业的影响,了解低碳技术创新对低碳食品产业发展的影响。

理论研究的创新将通过SCP理论揭示,当食品产业发展系统受到低碳技术创新的冲击时,整个食品产业将因为这种冲击而进一步发生变革,进而转型为低碳食品产业。由此可得出研究结论:低碳技术创新对食品产业发展系统的冲击,正是其影响低碳食品产业发展系统的本质表现。

1.4　相关理论及其指导作用

1.4.1　主要相关理论的指导作用

很多已有的基本理论都在一定程度上对本研究具有指导作用,其中技术创新理论、低碳经济理论、生态文明理论、可持续发展理论等具有更直接的或更大程度的指导作用。周培栋等(2007)总结,技术创新理论(Innovation Theory)由来已久,最早由约瑟夫·熊彼特(Joseph Alois Schumpeter)提出,至今已有百年的历史。该理论不断发展,已从最初强调技术发明、开发、设计、生产、销售等环节的"线性范式",逐步发展到后来的集群创新、区域创新与国家创新系统等"网络范式"。

董静等(2018)与Dou(2015)提出,低碳经济理论的基本宗旨是"低碳"和"经济节约",实现宗旨的基本手段就是依靠低碳技术,主要路径包括产品低碳化、产业低碳化、生活(消费)低碳化等,主要针对"高碳消耗""温室气体",以及经济发展与环境污染的矛盾越来越突出等问题。自20世纪末以来,该理论逐渐受到重视,其核心主张是推动经济向低碳方向转型。

生态文明理论也是本研究开展低碳技术对食品产业影响与对策研究的重要理论依据。王雨辰(2018)认为,研究马克思、恩格斯的生态文明理论具有非常重要的当代价值与指导作用。郇庆治(2016)提出,生态文明理论的研究,要加强实践维度、国际维度、学科维度(学术层面)三个维度的创新性研究,以指导当前实践需要。张修玉(2017)、卢宁(2016)从学术角度分析,习近平总书记的"两山"理论具有新时代观、新系统观、新矛盾观、新生态观、新发展观,是马克思主义生产力发展规律理论的具体化和发展,是我国生态文明建设的指导思想,将引领生态文明建设进入新时代。

戴云菲(2016)在进行理论综述时,指出可持续发展理论尚存在缺陷,如强调了代际公平而忽略了空间公平。张晓玲(2018)基于Mohamed(2016)提出的可持续与经济发展理论,认为当今的可持续发展不仅要强调代际公平,也要强调国际公平。因此,笔者认为,可持续发展既要实现时间层面的发展公平,也要实现空间层面的发展公平,以及不同发展主体(企业、个人与家庭等)之间的发展公平。

1.4.2　新时代新发展理念与现代经济体系理论的指导作用

党的十八届五中全会提出创新、协调、绿色、开放、共享的新发展理念,党的十九大提出要坚持新发展理念。党的十九大报告提出中国特色社会主义进入新时代,我国社会主要矛盾已经转化为人民日益增长的美好生活需要和不平衡不充分的发展之间的矛盾。同时,把习近平新时代中国特色社会主义思想确立为我们党必须长期坚持的指导思想,把"坚持人与自然和谐共生"纳入新时代坚持和发展中国特色社会主义的基本方略;提出贯彻新发展理念,建设现代化经济体系,要求在创新引领、绿色低碳等领域培育新增长点、形成新动能,支持传统产业优化升级;以及加快建设创新型国家,在各个领域贯彻落实生态文明建设。所有这些新理论、新思想、新理念为本研究指明了方向和努力目标,提出了综合性要求,同时给本研究提供了指导。

● 本章小结

本章主要对本研究的对象——低碳技术创新对低碳食品产业发展的影响及其对策进行了初步探讨,明确了研究背景、研究意义、研究内容和方法,并对与研究相关的基本概念进行了界定。在全球气候变化加剧,低碳化和可持续发展目标日益受到关注的背景下,在党的十九大、党的二十大对高质量发展要求提出发展绿色低碳产业的目标下,低碳技术创新作为推动食品产业转型升级的重要手段,已经成为研究的热点。通过分析低碳产业发展、低碳技术创新与低碳食品产业发展的内在关系,本章为后续研究奠定了理论基础。

首先,本章阐述了低碳技术创新对食品产业发展具有深远的影响,尤其是在能源利用、资源循环以及环境友好型生产方式等方面。随着经济发展方式的转变,低碳技术的应用不仅能够帮助食品产业实现绿色转型、降低碳排放,还能够提高该产业的节能降耗竞争力和可持续发展能力。

其次,本章的研究内容与方法部分明确了本研究的主要方向,包括低碳技术创新的现状与趋势,食品产业在低碳转型中的挑战与机遇,构建低碳技术创新对食品产业发展影响分析评价的LTI-SCP分析框架,从理论层面阐述低碳技术创新影响食品产业发展、食品企业绩效的逻辑关系,提出食品产业的低碳技术创新与企业绩效影响的假设等。同时,阐述了本研究将会采用文献分析与归纳演绎、定性分析与定量研究、资料收集分析与实地调研等多种方法。

同时,本章根据"提出问题—发现解决的具体方法—制定解决策略"的逻辑思路,绘制了本研究的技术路线图,为本研究的深入开展提供了清晰的方向,确保研究的系统性与条理性。

在总结国内外相关理论研究的基础上,本章探讨了已有研究理论的指导作用。结合时代发展理念与现代经济体系理论,本研究提出了创新的视角与对策,强调低碳技术创新是实现食品产业可持续发展的关键。

本章是研究的理论铺垫,阐明开展研究的重要性,展示研究的总体框架,为后续章节的深入分析提供了坚实基础和方向支持。

第2章　相关研究成果的回顾与述评

本章采用文献分析与归纳演绎方法,通过收集相关文献、分析文献内容并归纳演绎相关研究成果,明确了技术创新与技术创新能力的概念内涵、评价研究及新发展。文献分析表明,技术创新对企业经济发展具有至关重要的提升作用,同时,它更是企业前进的动力和源泉。结合研究内容,本章回顾了食品产业的技术创新及食品产业发展能力的相关研究。随后,对低碳食品产业发展相关研究进行过程分析,从食品产业的低碳生产、加工、包装、运输到低碳消费环节均作了较为具体的总结。在此基础上,归纳了已有研究的贡献与不足。

2.1　技术创新与技术创新能力

2.1.1　技术创新概念辨析

技术创新是推动国家、地区经济发展及社会进步的重要因素,也是企业获取竞争优势和实现持续发展的主要手段。技术创新的概念提出可追溯至1912年奥地利经济学家熊彼特在其著作《经济发展理论:对于利润、资本、信贷、利息和经济周期的考察》中对创新进行的理论阐述。他将创新描述为"生产要素的重新组合"或是"生产函数的转移"。而技术创新属于创新的一种,是创新的基础和关键所在。傅家骥(1998)在《技术创新学》中提出,学界普遍认为最早系统研究技术创新的是索罗。关于技术创新的界定,索罗发布了两个主要参照,即有无新的思维由来和接下来的发展进步。

欧阳建平等(2001)通过对学界诸多技术创新定义的梳理,发现基本集中在经济学、社会学和哲学三个层面。其中,Wu等(2017)从经济学层面将技术创新界定为转变经济增长方式、优化经济结构的必然选择,是企业从新产品构思到成品展示及销售的活动。Liu等(2017)认为,创新性技术体现在制造业的产品创新、设备创新和工艺创新,并通过商业应用中的技术、设计及相关商业活动呈现。Majumdar等(2015)从社会学视角提出,技术创新影响着社会价值与规范,其研究领域涵盖技术发展与部署、社会变革中的创新与知识、机构与模型能力、政府企业社会责任以及社区参与。Gautschi等(2016)则在哲学层面将技术创新定义为兼具经济增长必需性和创造性破坏特征的活动,得出其同时存在积极结果与消极后果的辩证结论。Haddud等(2018)阐述了数字商业环境下的技术创新,指出数字商业是技术创新的表现形式,技术创新是数字商业的推动者与战略竞争力,而数字化工作场所则是商业环境中实现技术创新的最佳场景。

Wu等(2018)指出,早期文献对技术创新概念的争议主要集中在对创新活动中技术性活动的认定、技术变动的强度限定范围以及技术创新成功的评判标准上。他们认为,技术创新是企业实质性的内生动力。Carayannis等(2015)基于产品生命周期和创新企业利润来定义现实中的技术创新,强调其不仅包含新产品或工艺的诞生,还涉及从设计到评估如何有效实施该创新的所有阶段。Escandón—Quintanilla等(2018)则认为,尽管定义众多,但从工艺设计角度理解的技术创新,本质是通过运用新技术持续寻求更优解决方案的过程,而组织需要投入大量资源来实现这一目标。Mittal等(2015)则从国家技术竞争力视角出发,认为技术创新是国家经济竞争力的关键支柱之一,体现为国家主要行为者与其他关键行为者共同提供卓越技术的集体能力。

近年来,技术创新研究不再局限于概念探讨范畴。例如,邵云飞等(2017)专门研究了突破性技术创新的动力因素;Yuan等(2018)指出竞争战略与绩效的关系密切,竞争战略的技术创新应分为增量创新和突破性创新,突破性技术创新是经济持续增长的主要动力。余子鹏等(2015)和李煜华等(2015)等多位学者探究了技术创新的影响因素,而肖文等(2014)、袁建国等(2015)、余泳泽等(2017)、王京等(2017)均发现政府政策是影响技术创新的重要因素。冯根福等(2017)分析了技术创新和股票流动性的关联性。罗军(2017)提出技术创新受到融资约束。Jin等(2019)还提出技术创新需要加强绿色研发投入和环境规制。唐未兵等(2014)和李苗苗等(2015)通过实证研究检验了技术创新与经济增长之间的关系。

2.1.2 技术创新能力相关界定

国内外对技术创新能力研究已久。陈海秋(2003)认为,已有文献对技术创新能力的定义可分为不同类别,其中一种是从资源存量的角度进行描述,即认为技术创新能力体现为支撑创新的一系列条件。技术创新能力的动态变化能够充分反映技术创新的过程和积累,展现企业在不同阶段的创新水平,因此对技术创新实力的塑造具有深远意义。Patra等(2018)从工业发达国家和发展中国家经济振兴和成功因素入手研究,认为技术创新能力是一个国家实现经济增长与科技发展的关键战略因素。有学者将其细分为三方面的能力:Egbetokun等(2015)认为技术创新能力包括与吸收能力相结合的能力;Dutta等(2005)和Forsman(2011)则强调技术创新是一种集成能力;而Lichtenthaler(2009)认为其本质上是原创能力。

Cantarello等(2014)和Turner等(2013)从"柔性-效率"均衡视角,将技术创新能力视为制造企业的重要评价标准。Chen等(2014)和Zhao(2013)研究发现,技术创新能力对于国企和民营企业适应外部竞争环境与提高效率同样重要。Wei等(2014)认为,企业的创新能力还应从资源重新购置组合的角度考虑其效率。陈力田等(2014)通过建立系统动力学模型,量化战略构想、探索创新搜寻和技术创新能力之间的联系,揭示了技术创新能力的演化路径和跃迁途径。刘昌年等(2015)从微观角度出发,将企业置于全球价值链的背景下,得出影响技术创新能力的因素包括治理模式、企业战略、市场创新、知识吸收能力和技术保护。其中,知识吸收能力作为影响技术创新能力的重要因素,多位学者对其进行了研究。例如,贾宪洲等(2017)从知识互补性的角度,研究了基础研究成果获取成本、专业化经济下降、独立实施基础研究的追加投入以及交易效率对企业技术创新决策的微观影响,这种影响决定了我国整体的技术创新能力;潘宏亮等(2013)认为知识共享对技术创新能力有一定的正向调节作用;陈恒等(2014)构建了由功效函数、耦合度函数、耦合协调度函数构成的企业技术创新能力与知识管理能力耦合评价模型,客观评价了企业技术创新能力与知识管理能力之间的耦合关系。陈收等(2015)和沈达勇等(2017)认为,研发投入是促进知识吸收、提升管理能力的重要手段。

　　研发投入对技术创新能力的影响也是研究热点,多位学者通过实证方式研究了二者之间的关系。蔡树堂等(2015)认为,研发投入越高、拥有技术背景的高管人员数越多,则企业技术创新能力越强;同时,研发人员激励对提升企业技术创新能力起到关键作用,其中股权激励制度和薪酬福利激励制度对提高企业技术创新能力的影响最为明显。吴延兵(2014)研究了不同所有制企业因产权性质不同而产生的技术创新激励差异,发现国有企业技术创新能力最弱,混合所有制企业最强,私营企业整体有待提高。

　　此外,技术创新能力体现出较强的空间依赖性和动态特征。其中,李国平等(2012)、李婧等(2010)、王春杨等(2014)、王俊松等(2017)研究了创新活动的空间分布与集聚特征,发现城市中的技术创新能力对城市整体发展呈现明显的空间溢出效应,而城市周边的技术创新能力提升有助于提升该城市的创新能力。

2.1.3　技术创新能力分析评价研究

　　对技术创新能力的评价有助于分析区域技术创新所处阶段及其核心竞争力水平。Kindras等(2015)发现,由于国家或地区对技术创新的研究角度及关注重点不同,所选取的指标体系也有所不同,这种差异既体现在发展中国家(如金砖五国)与发达国家之间,也反映在同一国家的不同地区。我国对技术创新能力评价的指标体系选取研究也有一定的积累,戚湧等(2018)、张冀新等(2018)和袁旭梅等(2018)学者都进行了相关探索。通过以上文献梳理总结,得出对技术创新能力评价指标的选取大致可以分为两类:第一类是依据技术创新过程中投入的要素种类来构建指标选取体系;第二类是按照技术创新过程阶段的划分。例如,Monnerjahn等(2017)从产品投入到最后产出过程中的技术创新选取指标。两类方法侧重点不同,第一类注重要素种类,但易忽略技术创新的关联性;第二类方法注重整体技术创新过程,但忽视了单个阶段的能力水平研究以及各阶段的相关性。

　　在技术创新能力测评方法选取上,可分为使用单一方法测度和多方法结合测度。例如,杨国忠等(2015)从创新投入、产出、转化、环境支撑四个方面建立评价指标;叶莉等(2018)采用突变级数法对高技术的创新能力进行评价;梅梅等(2014)、阳立高等(2014)、陈英葵等(2016)采用因子分析方法或熵权法对多个省区或某一具体省区进行技术创新能力测度,提炼出影响最大的因素,并对研究样本进行能力水平排序,提出促进技术创新能力提升的方式与路径。部分学者综合运用多种方法对技术创新能力进行评价。曹兴等(2017)在综合运用因子分析方法和熵权法的基础上,结合物元可拓集合理论,建立了多级优度评价模型,对战略性新兴产业自主创新能力进行研究,评价其发展能力并提出培育建议;陈华等(2014)则利用模糊综合评价法结合层次分析法考量江西省科技型小微企业的技术创新能力;李玥等(2017)则运用熵权法及 TOPSIS(Technique for Order Preference by Similarity to an Ideal Solution)法,对评价对象与理想化方案的接近程度进行排序,从而评估现有对象的相对优劣程度。

2.2　技术创新过程与技术创新阶段

2.2.1　技术创新过程相关研究

Jurowetzki等(2018)指出,技术创新过程最早被认为是由技术推动的,随后学者们敏锐地发现技术创新涉及国家创新体系和全球价值链之间的复杂关系,提出了市场需求拉动模式的技术创新过程,认为创新源于市场的需求信息。然而,这两种线性模式因素单一,仅能解释部分技术创新活动。实际上,技术创新是一个复杂过程,由科学进展与市场需求共同推动。因此,张培富等(2000)基于罗森堡与克莱因等西方学者的研究,提出技术创新链环——回路模式,即以5条路径表示技术创新过程,将其视为具有不确定性、复杂性和自组织性的自组织进化系统。其中,市场需求作为推动技术创新的重要因素,得到许多学者的关注,他们将其作为技术创新的起点。游晓凌等(2011)借鉴技术路线图方法,对市场驱动的技术创新过程进行研究,构建了技术创新过程模型,详细描述了以市场需求为产业出发点,涵盖产品最终走向、技术保障及开发项目的创新技术,并探讨了属性列举法等在创新策略中的运用。Kalapouti 等(2017)则采用数据包络分析方法,以192个欧洲地区为例,将创新投入与创新产出效率联系起来,发现研发支出和人力资本支持能有效提升创新效率,提高创新产出。陈伟等(2011)认为,技术创新过程中积累的知识资源是企业提升核心竞争力的关键,而知识资源管理直接影响企业竞争力,其中知识转移管理尤为重要。因此,他们从信息论的角度对企业技术创新过程中的知识转移进行了分析,并构建了知识转移模型,以更好地评估知识转移在技术创新中的作用和意义。

2.2.2　技术创新阶段相关研究

技术创新发展具有一定的阶段性特征,了解技术创新发展阶段的规律,有助于判断一国技术创新所处的发展阶段,并采取有效的推动措施。姜炳麟等(2004)学者梳理和对比美国、日本、韩国等国的技术创新发展,将技术创新发展分为三个阶段:使用技术阶段、改进技术阶段和创造技术阶段,并据此判断我国所处的技术创新阶段。Boavida (2016)以公共机构的研究人员、工业研发领域的领导者和政策制定者这三类知识密集型群体为观测对象,构建相应的观测指标体系,分析了各因素对技术创新决策的影响机制及技术创新对观测对象的反馈作用。张继良(2014)通过建立实证模型,系统分析了政府资助不同方式对技术创新各阶段的波及效应,得出以下结论:相较于税收优惠,直接补贴资金多集中于研发投入阶段,对中间产出和最终产出的带动作用有限;而税收优惠对研发投资、中间产出和最终产出均具有显著促进作用,长期来看更具优势。根据技术创新所处阶段的不同,Ding 等(2018)基于企业案例研究证实了技术创新过程存在阶段性演化规律,这种演化将直接影响技术发展战略的选择。Schubert 等(2018)从风险因素考虑,指出演化系统各阶段的风险因素不尽相同,需对关键风险因素进行识别。Bagheri 等(2018)及Anzola-Romá 等(2018)进一步提出,应重点关注企业技术风险、国际市场环境风险和组织管理风险等,通过把握其分布规律来制定有针对性的阶段风险管理策略。

2.3　食品产业技术创新及食品产业发展能力相关研究

2.3.1　食品产业技术创新

食品产业是我国的重要支柱产业，其发展地位至关重要。在经济全球化背景下，食品行业正逐步融入全球市场竞争体系，亟须通过提升技术创新能力来增强核心竞争力。过去，我国食品产业主要依赖传统发展模式，以引进外来技术为主，科研水平落后，产业技术创新能力亟待提升。李瑞红等（2011）指出，我国食品产业存在价值链较短、产品种类较少、国家经费支持不足等问题，建议从产品研发、食品包装、采购、销售渠道和管理体系等方面推进技术创新，并强调政府、高校、科研院所和企业应协同合作，共同提升食品加工业的科技创新水平。

食品产业的技术创新同样存在路径依赖性、动态性、集成性等特点，因此应同其他产业一样，注重产品研发，并保证技术创新资金的投入。一些学者通过实证研究测度了我国食品产业的技术创新能力，边明英等（2013）采用因子分析法对代表食品产业技术创新能力的十个指标进行分析，发现我国食品行业在技术改造和技术水平提升方面的经费投入和研发人员投入规模均高于其他行业，但在创新产品研发方面的投入相对不足。Sun 等（2018）则采用创新生产函数方法，基于2005—2007 年企业层面数据，重点研究了中国食品加工业产品创新的决定因素。实证数据显示，研发强度对中国饲料加工业的产品创新具有积极意义，且具有统计意义的显著影响。邬一羽等（2014）则测度、评价了食品安全视角下农副食品加工业的技术创新能力，指出多数企业更关注短期收益改善，而未能充分认识产品创新和技术创新带来的长期效益和融资成本节约，导致整体技术创新能力较弱，对食品安全构成潜在风险。

食品产业是我国较早引入外商直接投资的行业，其目的之一是通过外商直接投资的技术外溢效应提高我国食品产业的技术水平。外商直接投资（Foreign Direct Investment，FDI）与产业技术创新存在一定相关性。Furuzawa 等（2017）以东亚食品制造业贸易结构为研究对象,证明在中国国内经济增长的大背景下,我国食品制造业不断发展,同时应该通过与东亚国家的双向贸易,建立国际专业化互补的食品体系,实现可持续发展。近年来,外资对我国食品产业的投资规模不断扩大,研究外商直接投资的技术溢出效率及特点对我国食品行业技术创新具有重要意义。李晓钟等(2011)对我国食品产业的外商直接投资技术溢出效应进行实证分析,指出外商直接投资对农副产品的技术溢出效应不足,但对食品制造业的技术溢出效应显著,并认为外商直接投资对食品产业的自主创新能力提升力度较弱,但外商直接投资企业的研发投资则能显著提升其自身的自主创新能力与总产出。

技术创新与经济发展存在相关性,食品产业亦不例外。陈晓莉等(2009)采用食品产业研发投入支出、食品工业专利技术申请量及地区生产总值增长量、食品产业总产值增长量等指标,运用格兰杰因果关系检验法,对我国经济发展与食品产业技术创新之间的因果关系进行了验证,结果表明经济增长能够带动食品产业技术的新一轮创新。

科技成果需转化为现实生产力才能带动经济发展,因此有必要建立合理的产学研机制,而产业技术创新战略联盟是现代产学研的高级形式,食品产业内也建立了一系列技术创新战略联盟。纪巍等(2014)对我国现有的食品产业技术创新战略联盟进行研究,分析了联盟在运行发展中的问题,并提供了联盟组织机构及运行机制的设计方案,以促进食品产业技术创新的进一步发展。

2.3.2 食品产业发展能力及其分析评价的相关研究

随着食品产业规模的扩大和经济效益的不断提升,如何保障其健康发展已成为学界关注的重点问题。研究表明,食品产业研发投入不足及技术创新乏力会阻碍行业进一步发展。耿敬章等(2013)以汉中食品产业为研究对象,发现其技术创新能力较弱,资源利用效率低,且生产成本较高,难以提高产品质量。谭向勇(2010)在对我国的食品产业现状进行剖析后认为,技术创新作为影响我国食品产业收益变化的重要因素,有着举足轻重的地位,技术创新的匮乏将直接导致食品生产各环节配套装备发展滞后。同时,特定发展阶段和领域对外部引进技术具有较高的依赖性,这使得我国食品产业整体层次偏低、品种结构单一,严重制约了行业发展。这种产业快速发展与技术创新能力较弱的矛盾,已成为我国食品产业发展的一大瓶颈。黄晓琴(2016)认为,技术创新导致食品产业呈现新的发展特征:一是加工特性改变,种植技术创新为食品加工提供了多样化的原料,生物技术创新则可改变原材料性状或培育出特定品种;二是物流技术创新有效解决了运输过程中的食品损耗和变质问题;三是装备水平提升仍是我国亟待解决的问题;四是食品安全监测和控制技术创新能较好地解决原料掺假等问题。这些新特征表明,通过技术创新驱动食品产业升级已刻不容缓。

此外,部分学者聚焦于绿色食品产业发展能力的相关研究。宋国宇(2012)认为,绿色食品产业同其他产业一样,也具有生命周期,需经历萌芽期、成长期、成熟期及衰退期四个阶段,但各阶段并没有明显的分界。他运用逻辑斯谛曲线和龚伯兹曲线对其进行说明和分析,对绿色产业的整体演化轨迹进行了测定和阶段划分,提出应调整产业结构,提高绿色食品产业的技术创新能力,从而实现产业竞争力的提升。黄漫宇等(2014)则采用因子分析法和灰色关联分析法,对30个省、自治区、直辖市的绿色食品产业发展程度及发展能力进行整体评价,分析地区差异的影响因素,提出相关产业政策制定建议。齐志庆(2014)针对黑龙江垦区绿色食品产业技术创新发展过程中存在的问题,提出多项对策建议:加强政府对基础设施和创新平台的投入建设;通过多元化手段提升企业技术创新能力;完善绿色产品安全保障体系;推进创新配套设施建设,从而促进食品产业可持续发展。

2.4　低碳食品产业发展相关研究

2.4.1　食品产业生产环节低碳化相关研究

低碳食品产业发展的本质是食品产业发展的低碳化,即从各个环节降低碳排放量,包括食品生产、包装、运输和消费等全过程。具体可从以下三个方面进行阐述。

(1) 对研究低碳农业生产方法的学者而言,减少餐桌浪费、降低碳排放是其目标之一,也是推动低碳农业发展的重要因素。

石嫣等(2011)提出,农场可采用预付款模式,即消费者先支付定金,农场随后配送新鲜农产品,最后再结算尾款。Janssen(2010)则建议通过社区支持农业(Community-supported agriculture, CSA)模式,建立消费者与农场之间的合作关系,双方共同承担生产风险并分享收益。农场在生长季节所需的生产物资由消费者和农场一起承担,而在生长季节因为一些环境因素所造成的损失,消费者和农场也共同承担相应的风险。这种合作关系在一定程度上使农场生产者不用担心没有销售对象或者市场,因此不会采用投机取巧的手段减少自己的种植成本,这样对于低碳环保也是十分有利的。Lin等(2015)用对数平均除数指数(Logarithmic Mean Divisia Index, LMDI)方法,对1986—2010年中国食品工业能源消费的碳排放变化进行了评价,进一步证实了能源强度和工业活动是影响碳排放减少和增长的关键因素。其研究表明,我国食品工业减排的重点应放在提高能源效率、优化产业规模、调整能源使用结构上。孙滔(2013、2014)指出,农业作为国家的基础产业和支柱产业,其碳排放治理至关重要。发展低碳农业不仅有助于改善环境,减少碳排放,还能在一定程度上保障食品安全,从而达到双赢的结果。

(2) 通过农产品价格补偿或者其他减轻农民负担的方法,缓解低碳农产品种植成本上升的问题,从而更好地促进低碳农产品的发展。

Olesen等(2010)、Adaman等(2011)、Kimura等(2010)、曾贤刚(2011)均提出,推广低碳农产品最直接的方式是对生产者进行一定的经济补偿。由于生产成本增加,这部分费用可由消费者或者政府承担。调查研究表明,大多数消费者愿意接受更高的价格,因为他们重视食品安全与环境保护。此外,政府也应出台相应的减负政策,以支持农产品生产者。Fujii等 (2018)基于日本食品工业2008—2015年的数据,构建了一个评估食品废弃物预防与利用的框架,结果表明减少食品废弃物并促进其循环利用有助于推动循环经济。研究发现,减少食品废弃物主要依靠两个重要因素:一是生产前需充分研究市场需求;二是企业管理层应具备低碳循环理念。

此外,应瑞瑶等(2012)提出,政府对低碳农产品生产者的补贴在推动低碳农业发展方面具有重要意义,建议政府提供相应的补贴或政策支持,以更有效地推动低碳农业的发展。

(3)以农业减排技术路径研究低碳农业生产。

Fei等(2017)探讨了2001—2012年中国农业部门的二氧化碳排放效率及减排潜力,发现中国的中部、东部、西部地区农业部门二氧化碳减排潜力与该区域的农业减排技术创新水平直接相关,中国的东部和中部地区应通过农业合作、增加农业补贴、提高管理能力等措施减排,而西部地区必须重点推进技术创新以缩小减排技术差距。Cillis等(2018)研究了气候条件与种植业、农田土壤减排技术的关联,筛选出成本效益较高的减排措施。Lin等(2018)采用分位数回归方法,研究了中国30个省份的农业二氧化碳减排驱动因素,结果表明,由于固定资产投资和农业加工的差异性,财政支持的技术创新强度对农业减排的影响最为显著。Zhao等(2018)从中国农业"水-地-能-碳"的耦合关系出发,研究农业碳减排问题,指出要提升农业能效、促进碳减排,必须改进农业创新技术体系,包括实施合理的土地整理、创新规模经营模式、推广节水灌溉技术以及完善休耕轮作制度等。

2.4.2　食品产业加工环节低碳化相关研究

食品加工实现低碳化是低碳食品产业链的一个关键组成部分。首先,以食品产业加工的审核标准为参考点,将食品生产加工标准作为实现低碳与环境保护的方法。具有国际普遍性的案例如Howard等(2010)和Raynolds(2000)指出,由国际公平贸易标签组织(Fairtrade Labelling Organizations International)认证的公平贸易标识制度可约束食品生产者达到综合性的低碳环保要求。国内学者李杨(2015)提出应严格采用危害分析及关键控制点体系(Hazard Analysis Critical Control Point,HACCP)作为生产加工标准与预防性体系,在食品加工过程中,对生产关键环节及各控制点进行精准管控,对食品加工中存在的潜在危害进行相应的分析和评估,同时加强食品生产的监管和程序检验,从而提升食品安全性,并促进低碳农业发展。

其次,从食品生产企业碳减排出发,对食品生产加工过程中的碳排放进行控制。诸多国内外学者研究归纳了以下主要途径:Meneses等(2017)分析了食品加工过程中的用水情况,倡导降低水资源的加工能耗和提高再利用率,采用环保生产方式;Triguero等(2018)、Reardon等(2018)及马爱进等(2011)鼓励推动企业生态创新,运用先进环保的节能技术;Zhang等(2018)、Ueasangkomsate等(2017)、Meyers等(2016)建议政府参与并引导扶持企业的清洁环保生产;王晓莉等(2014)、Azhar等(2019)一致认为,实施可持续性的环境管理认证约束是解决商业食品生产造成的环境和社会问题的重要手段;Luque等(2017)认为,食品低碳发展与食品安全问题相互联系,互利共存,相互约束。本研究认为,在现实生活中,为了更好地发展低碳农业和解决食品安全问题,需要综合运用上述多种有效措施。

针对影响工业企业清洁环保生产意愿、行为与企业技术能力、能源消耗特征的研究也有很多成果。Philipp等(2018)发现,发展中国家主要关注本国宏观环境下企业技术变革情况的分析。Hegde等(2018)综述了食品加工过程产生的废渣、宏观营养成分特征及其在酒精生产中的应用,并从清洁能源利用的角度提出了未来食品加工废弃物利用的方向。Gowreesunker等(2017)指出,企业采用环保生产行为是企业技术能力变化的主要驱动因素,而Xu等(2017)进一步提出食品工业如果要达到生产过程能耗的减少,需要对食品生产加工环节的生命周期进行追踪,并持续保持低碳技术创新投入,形成循环往复的技术革新。Ali等(2016)与Hullova等(2019)不谋而合,他们通过调研评估的研究方式得出结论:研发资金、技术人员配备以及投入强度等现实因素,是企业进行先进技术创新研发的关键要素。Asioli等(2017)发现,工业化国家的消费者对食品的生产加工方法和成分信息更感兴趣,对食品清洁标签尤为重视,这就要求制造商考虑食品生产加工工艺创新的投入驱动因素,只有具备能够达到标准的清洁环保技术能力,才能生产出获得消费者认可的产品。

Woodhouse等(2018)的研究侧重于外部环境可持续性和企业内部食品加工线技术创新热点,基于现有的生命周期评估理论,设计出评估食品加工技术可持续性的工具和方法,致力于通过食品工业加工的设计和调整来减少食品损失,实现清洁环保生产。De Vries等(2018)认为,过去食品行业技术创新主要由企业内部生产线发展需求推动,而现在则更多受到外部压力影响,特别是全球食品体系促使企业选择清洁生产以提高加工效率、降低成本。另外,吴克等(2007)研究发现大型跨国公司更倾向于采用清洁环保生产方式。Anderson等(2004)则认为,石化能源价格上涨有利于推动以提高能源效率为目标的环保生产技术运用。因此,Thollander等(2007)指出,高投入的石化能源消耗也可能成为企业采用环保生产的重要驱动力。此外,胡美琴等(2009)认为,由于清洁生产需要较高的投入成本,其推广实施仍面临较大困难。

2.4.3 食品产业包装和运输环节低碳化相关研究

梳理与分析已有相关成果发现,在食品包装方面,可持续发展与绿色包装、低碳包装材料与绿色设计、法规政策保障与技术支持可以促进碳减排。而在食品运输方面,缩短食品运输里程、运输节能与技术装备优化、分销资源整合与节能增效可以促进碳减排。食品产业包装和运输环节低碳化相关研究观点示意图如图2-1所示。

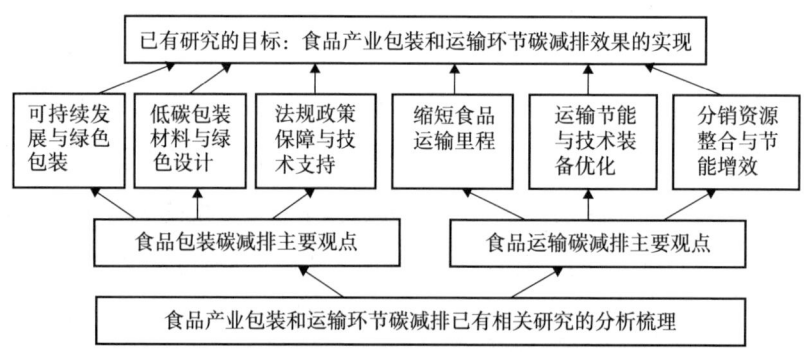

图2-1 食品产业包装和运输环节低碳化相关研究观点示意图

(注:作者根据已有文献总结绘制完成)

1.食品产业包装环节低碳化相关研究

随着低碳理念日益受到社会重视,众多学者针对食品包装的碳减排与低碳化问题开展了多角度的研究和分析,主要从以下几个方面展开探讨。

(1)对于通过可持续发展和绿色包装减少碳排放的研究,可从以下几位学者的研究成果进行分析。Varun等(2016)提出,世界人口的增长导致了大量的包装废弃物,高能耗和环境问题与包装材料相关,强调从环境的角度采用生命周期评价(Life Cycle Assessment,LCA)评估包装材料正确使用的必要性,并提出通过改用绿色包装或低碳排放包装材料等方式优化食品包装,从而有效减少碳排放量。在包装材料更替的基础上,戴宏民等(2016)认为可从多个方面、多个层次进行绿色运输或者绿色包装。刘羽等(2012)对这一观点有不同的看法,他们主要强调对食品包装进行分类和归纳,在食品包装的设计上进行优化,以及寻求突破。

(2)对于通过低碳包装材料与绿色设计减少碳排放的研究,可从以下几位学者的研究成果中进行分析。张威媛等(2013)以食品包装的绿色设计为基础,指出食品包装设计应从环境保护角度出发,实现绿色设计,将低碳材料与人体工程学及审美相结合,从而得到更绿色环保的包装设计方案。倪晓娟(2010)提出,包装材料与包装设计正逐步向低碳环保方向发展,这对我国实现低碳减排具有重要作用。在食品包装领域,使用可重复利用或易降解的包装材料等,能够减少资源浪费,从而更有效地减少碳排放量。

(3)对于通过法规政策保障和技术支持减少碳排放的研究,可从以下几位学者的研究成果进行分析。王恒(2013)提出了一系列完善我国法律细则的建议,包括优化监管部门体制,并且针对国内需求研发了智能化包装系统、环保包装材料及废品回收技术,为促进低碳事业作出贡献。Lin等(2015)通过研究1986—2010年我国食品工业碳排放情况,证实能源强度和工业活动是影响碳排放的重要因素,并指出,中国食品工业减排的重点应放在提高能源效率、优化产业规模以及调整能源结构上。董蕊(2015)从发达国家食品安全与环保经验出发,建议我国食品包装企业应重视包装安全标准,严格执行包装规范,避免过度包装对低碳发展造成负面影响。

2. 食品产业运输环节低碳化相关研究

许多学者从不同角度对推动食品产业运输环节低碳化进行了研究。

一是通过缩短食品运输里程实现碳减排。食品运输里程是指食品加工完成后运输到消费者手中的距离。由于运输过程会产生碳排放，缩短食品运输里程可有效降低碳排放。

我国学者周培勤（2010）提出，应根据地域环境优势就近生产和运输食品，以实现低能耗运输。曲如晓等（2011）也建议中国农产品出口需考虑低能耗和低碳排放等因素。

二是通过运输节能与技术装备优化实现碳减排。朱奎（2012）认为，食品冷藏是减少碳排放的关键环节，需将食品加工、制冷设备与运输过程协同优化，采用国际先进技术制造冷藏集装箱设备，并缩短冷藏运输距离。Ndraha等（2018）认为，冷藏过程中的技术和装备是影响能耗的主要因素，其设计的冷链低碳管理系统明确了不同温控下的食品冷藏碳消耗比较值不同，提出应根据食品特性设计不同的冷链温控系统，同时也表明，目前食品冷链的研究还需要进一步提升。James等（2006）认为，食品运输速度快慢与运输时间长短是决定碳排放的关键因素，应在食品的运输速度和运输时间上采用最合理的方式，以实现低碳目标。

三是通过分销资源整合与节能增效实现碳减排。Fisher（2003）、Chopra（2003）认为，食品企业可优化分销渠道，协调仓储、分销与运输环节，提升运输效率并增强消费者认可度，从而减少因多次运输产生的碳排放。桂华明等（2007）研究了运输方式整合对效率的影响，发现需根据食品特性与消费群体选择合理的运输方式，以缩短运输时间并降低碳排放。

2.4.4　食品产业消费环节低碳化相关研究

关于食品产业消费环节低碳化相关研究，主要涉及食品消耗和食品包装回收利用两个方面。研究表明，消费者的意愿和选择、就地或邻近消费、发达国家回收利用经验借鉴、绿色包装与回收利用现状、包装回收工艺技术都对食品产业消费环节低碳化有影响，具体如图2-2所示。

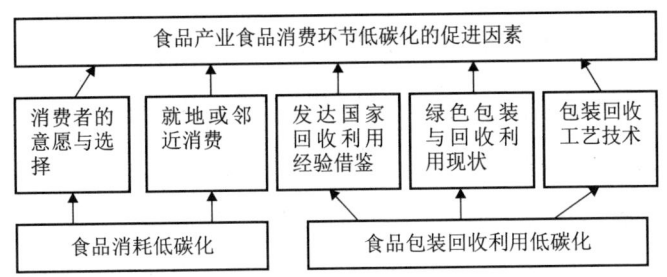

图2-2　食品产业食品消费环节低碳化相关研究示意图

(注:作者根据已有文献总结绘制完成)

1.食品消耗低碳化的相关研究

一是关于消费者的意愿和选择对碳排放的影响,以及如何在消费者意愿和选择方面减少碳排放的研究。应瑞瑶等(2012)对我国山东、江苏、天津等地进行了调查研究,分析城市居民对低碳减排产品的选择意愿,结果显示,如果消费者认为支付费用只换来了周围环境的改善,其低碳产品支付意愿会显著降低。Aoki(2009)的研究表明,环保意识较弱的消费者不会因低碳减排改变消费意愿,而环保意识较强的消费者则会主动调整消费行为。Shuai等(2014)进一步发现,教育程度和收入水平是影响低碳消费意愿的关键因素,在同等条件下,受教育程度和收入水平越高的消费者,越倾向于选择低碳产品。

二是关于就地或邻近消费对碳排放影响的研究。朱清海(2010)、Janssen(2010)对发达国家农产品消费的研究指出,社区支持农业模式(根据城市消费者需求就近生产农产品)对农户、消费者和当地经济均有积极影响,并能有效减少碳排放。

李皇照(2010)指出,居民的低碳饮食和垃圾处理是影响农业发展和碳排放的重要因素,他强调应通过消耗区域特色产品来减少能源消耗、实现低碳排放,大力推动都市农业发展,通过在城市周边农村布局农业生产,就近满足城市密集居住人口的农产品消费需求,从而缩短城市居民所消费的农产品的运输距离,降低存储和运输环节的碳排放。

2. 食品包装回收利用低碳化的相关研究

一是关于发达国家回收利用经验借鉴的研究。Shanthi(2015)研究了包装的再利用与回收,通过案例分析表明,在原料、资源、成本及减少垃圾填埋等方面具有显著效益。研究证明,生态可持续理念能够促进资源节约,并对环境产生积极影响,减少碳排放。此外,从源头预防和减少浪费,推动全球循环经济发展,是各国实现绿色产业转型的首要任务。

Khan等(2017)指出,大多数包装的材料成本不低,却最终进入垃圾填埋场,因此应优化包装设计,并针对不同废弃包装材料制定低碳回收管理策略,以提高资源循环利用率。随着科技的进步,食品包装也经历了从被动包装到创新包装的巨大转变。Mlalila等(2016)总结发现,食品包装回收需关注消费者偏好,可在材料中引入纳米技术等智能降解手段,强调创新食品包装的科学回收概念。

张玉霞(2010)对部分发达国家的食品包装和回收利用状况进行了归纳总结,并与我国食品包装和回收利用状况进行了比较,指出塑料食品包装的回收再利用对碳减排具有重要作用,因此应加强塑料食品包装袋的回收再利用,重点研发回收再利用的技术和检测方法。

二是关于绿色包装与回收利用现状的研究。Song(2018)通过跟踪调查发现,加强食品绿色包装的生态设计,资助或鼓励自动清洗技术和回收设备的发展,是实现食品绿色包装的迫切需要。同时,加强消费者环保意识宣传也是至关重要的。王美华(2008)对我国目前采用的食品包装材料和包装回收利用情况进行了分析,强烈建议我国的食品包装要向绿色包装的方向改革,并呼吁国家加大政策支持与宣传力度,同时借鉴国外先进经验,提升包装回收检测技术。

三是关于包装回收工艺技术的研究。Dahlbo等(2018)从循环经济角度研究了食品塑料包装的回收潜力,基于废弃物数量、成分及质量评估其再利用价值。实验发现,回收后经过机械分选和有毒物排除之后,可实现高效循环利用。刘海军等(2013)对食品包装废弃物资源化进行了探讨,同时研究了纸塑铝复合包装的回收工艺及设备选型等。

研究发现,随着环保意识的增强,食品包装回收利用问题日益受到重视。我国需借鉴发达国家经验,深化技术研究,以提升食品包装回收利用水平。

2.5　技术创新对低碳食品产业发展的相关研究

2.5.1　普遍性与专门性技术创新促进食品产业发展的相关研究

现有研究主要涵盖以下两个方面。一是关注产业不同发展阶段对技术创新的差异化需求。赵大伟(2007)结合我国食品产业成长期的实际需要,探讨了技术创新的必要性。研究指出,技术创新对产业发展至关重要,我国绿色食品产业已进入成长期中期阶段,亟须通过推动技术创新、促进创新形式多元化及产业集群发展等方式,实现产业转型升级,并提升市场竞争力,同时提出了相应的对策建议。

二是聚焦专门性技术创新对食品产业的推动作用。戴晋等(2018)重点研究了冷链技术与食品产业的关系,基于我国食品冷链物流体系的构建需求,分析了当前冷链食品产业的发展局限,并围绕冷链食品调理新工艺、产品质量评价体系、品质提升工程化技术及流通过程控制技术等方面,提出了促进冷链食品产业发展的技术创新路径。

2.5.2　技术创新组织促进食品产业发展的相关研究

现有研究主要从以下两个维度展开。

一是关于食品产业技术创新实施主体与组织建构方面的研究。纪巍等(2014)分析了我国食品产业技术创新战略联盟及其运行现状与问题,提出了联盟组织机构设计及运行机制建设方案,强调要通过联盟搭建技术创新平台,促进联盟成员进行联合与合作,实现优势互补,从而共同研究战略问题、共性问题、关键技术问题、产业化问题等。同时,建议食品产业技术创新战略联盟的管理组织由理事会、常务理事会、专家委员会和秘书处共同组成。

二是关于特定地区或专门食品加工行业的技术创新组织实施问题研究。Ab

(1990)关注空间尺度较小的地区(国家)食品产业发展的技术创新推进实施问题,强调人类技术创新成果应通过创新扩散、组织创新等手段推动本地区(国家)食品产业技术进步与食品产业发展。Zhang(2017)基于前人研究成果指出,马铃薯是世界上最大的非谷类粮食作物,中国是世界上最大的马铃薯生产国,但是中国马铃薯工业的加工速率远低于全球平均水平,因此必须通过自主创新实现马铃薯食品加工与产业技术的突破。郭顺堂(2010)针对国产大豆加工技术创新问题,提出要加强大豆加工技术研发,建立技术联盟,同时强调要特别重视环保低碳的环境友好型技术开发。

本章小结

1. 现有研究的贡献

现有研究在理论方法和实践运用方面均取得了显著成果,研究内容涵盖了从技术创新到技术创新能力、从技术创新过程到技术创新阶段、从食品产业技术创新到食品产业发展能力、从低碳经济到食品产业发展低碳化(包括食品产业生产环节、加工环节、包装环节、运输环节、消费环节)等多个维度,取得了较丰富的成果,为今后进一步的探讨奠定了坚实基础,也为本研究提供了重要参考。

2. 现有研究的不足

从技术创新视角下低碳食品产业发展研究所需的系统化理论支撑和实践指导要求来看,现有研究在理论体系构建、方法论系统性以及实践指导的科学性和可操作性等方面仍存在明显不足,亟须进一步完善。

(1)尚未形成技术创新对低碳食品产业发展影响分析评价的基本理论思路与理论框架。现有研究缺乏对低碳技术创新与低碳食品产业发展的系统性探讨,没有系统探讨理论依据与理论推演的出发点,也未深入分析二者之间的相互关系、互动规律及协同促进机制,导致既缺乏相关理论支撑,也未能构建完整的研究框架。

(2)尚未系统界定低碳食品技术创新与低碳食品产业发展的理论概念,并揭示其内在关联特征与相互作用机理。具体表现为,没有系统探讨低碳食品技术创新的理论内涵、创新主体与创新动力;未明确界定低碳食品产业与低碳食品产业发展的理论内涵与实践外延;未揭示低碳食品技术创新与低碳食品产业发展的内在关联特征与相互作用机理。

(3) 缺乏对基于现实情境的低碳技术创新对食品产业发展影响的系统性分析。现有研究未能全面考察我国低碳技术创新与食品产业发展的整体状况,未能深入剖析技术创新对产业发展的作用过程与内在机理,也缺乏对作用机制合理性的评估。

(4) 尚未提出促进低碳食品产业可持续发展的系统性对策。由于现有研究对低碳技术创新背景下的食品产业发展问题关注不足,导致相应的对策研究较为匮乏。

本研究针对上述研究缺口,围绕低碳技术创新背景下低碳食品产业健康持续发展问题的研究目标与研究任务,展开了系统性的低碳技术创新背景下低碳食品产业发展研究。

第3章 低碳技术创新促进食品产业发展分析理论框架构建

第1章和第2章对相关理念进行了梳理和概念界定,从本章开始至第7章,将基于SCP范式构建食品产业低碳化发展理论,并进行实证分析研究。低碳食品产业发展离不开经济效益的驱动,本研究将以食品产业中的重要组成部分——食品企业为样本,开展层次分析,并为"低碳技术创新是否能够给企业带来绩效""低碳技术创新通过何种机制为企业带来绩效"这两个问题的回答搭建理论逻辑关联。

在低碳技术创新驱动下,食品产业的发展本质上就是食品产业向低碳食品产业链转型的过程。本章研究重点在于,结合我国当前新时代绿色低碳发展理念,以现代经济体系理论为指导,重点探讨食品产业低碳化发展的外部条件。通过将SCP分析框架运用于食品产业的企业组织框架内,以低碳技术创新为外部冲击,对SCP分析框架进行整合与拓展,并基于此建立低碳技术创新与促进食品产业发展之间的相互作用关系模型,揭示低碳技术创新促进低碳食品产业发展的具体机制与路径。

3.1 传统SCP分析框架的内涵及其修正

3.1.1 传统SCP分析框架的内涵

20世纪30年代,哈佛学派著名学者贝恩第一次提出了SCP分析框架(SCP framework),即以实证研究为手段,按照结构(Structure)、行为(Conduct)、绩效(Performance)这一分析范式对产业进行研究。

20世纪60年代,贝恩在其著作《产业组织》里,系统阐释了产业组织的有关理论思想,这是经济学领域首部论述产业组织这一概念的著作。通过贝恩的研究,产业组织正式成为一个专门领域,被学术界纳入研究范畴。产业指的是生产具有高度替代性的产品的企业群。贝恩认为,产业组织学在理论研究的对象上应将金融领域的企业排除在外,同时也应将金融方面的营销活动排除在产业组织学的研究范畴以外。贝恩指出,"金融领域的企业活动和产品服务与一般的商业企业存在性质方面的较大差异,因而应作为单独的研究范畴给予论证"。贝恩的这一思想成为产业组织理论发展中具有指导作用的理论思想,后续的研究大多秉持了这一研究方向,即将金融企业置于产业组织学的研究范畴之外。

贝恩在其著作《产业组织》一书中提出了一个对后世影响深刻的重要思想,即系统构建了产业组织研究理论的分析模式,分别从结构、行为、绩效三方面进行产业市场的分析研究,该模式也被称为SCP分析框架。在SCP分析框架中,基于市场结构的分析主要研究消费活动中卖方与买方的市场集中度、消费品的差异化程度与市场进入标准的要素,通过研究一定市场环境中企业之间的关系,以及市场的潜在竞争者对市场中现存企业的影响来确定市场的基本环境构成。依据SCP分析框架,市场行为涵盖四方面内容,分别是企业的产品产量决定企业产品的价格、企业产品的成本开支对产品的影响、企业的行为模式,以及企业采购方面的商品购置活动。在SCP分析框架中,对市场环境中市场绩效指标的分析集中关注的是六方面要素:一定市场范围内的产品产量、市场上的企业规模、产能过剩情况下的技术溢出效应;产量递增情况下的边际成本递减量与成本均值之间的差值;远期边际成本与售价不变情况下的理想产量与实际产量之间的差值;产品成本与消费费用之间的比值;产品特点;产业技术发展状况,产业技术发展平均状况与产品最优成本的比值。

依据贝恩的观察,运用SCP分析框架研究特定市场产业组织问题的关键在于明确该市场结构的性质与构成要素。贝恩强调,这是分析企业市场行为时必须重点考察的核心因素。如果市场结构是固化的,且各个构成要素保持了一定的稳定性,企业活动就成为影响市场绩效的关键性要素。将SCP分析框架用于研究市场行为,需要将市场分为自由竞争市场与垄断市场两种不同形态。贝恩认为,自由竞争市场与垄断市场属于理论意义上的市场发展的两极,现实中的市场状况可能处于这两种典型市场的中间状态,可能更偏向垄断或更接近自由竞争,完全符合理论定义的市场形态在现实中并不存在。就资源和企业较为分散的初级市场而言,其大多属于自由竞争市场,这一阶段的市场状况表现为要素不集中、企业数量较多且规模不大、企业对消费者的影响力小于消费者对企业的影响力。而垄断市场则企业数量较少,大多为规模庞大的大型企业,且由数量不多的大型企业占据市场份额的主要部分,市场定价权掌握在垄断企业手中,而市场上的消费者缺乏影响企业的能力。贝恩指出,垄断市场会导致消极的市场绩效,具体表现为资源配置效率降低。这种负面效应的根源在于某些垄断行为阻碍了市场资源配置的合理流动,导致资源过度集中于少数对市场具有主导作用的垄断企业手中,从而损害了市场的资源配置效率。以贝恩为代表的哈佛学派认为,政府应当针对垄断市场制定相应的经济政策,防止垄断企业控制市场导致的绩效恶化。通过实施有效的经济措施打破垄断,引入竞争机制,才能激发市场活力,促进市场良性发展。

以贝恩为代表的哈佛学派在产业组织理论研究中,通过构建SCP分析框架为市场问题研究做出了两大重要理论贡献。

其一,该学派创新性地从供给与需求两个维度系统论证了产业基础条件对市场结构及市场活动的影响机制。在供给层面,研究揭示了原材料供应格局、企业分布状况、产能水平、技术条件、产品特性及价格因素等关键变量对市场结构的塑造作用。在需求层面,除了以上的基本要素,还涵盖了产品在市场销售方面的供需弹性对价格的影响、消费增量对供需的影响、可替代产品对供需的影响、消费者习惯、产品销售的周期性特征等。

其二,哈佛学派在传统市场因素研究的基础上,进一步运用SCP分析框架,深入剖析了市场行为对市场结构和产业基础条件的反馈效应,特别是聚焦于产业技术和生产管理要素的影响机制。该学派通过消费者需求导向的产品供需与可替代程度分析,研究了产品成本在消费层面的价值状况以及产品的差别化程度对供需的影响作用。Scherer(1970)进一步深化了这一分析框架,专门探讨了替代品市场的准入标准与条件。

值得注意的是,以贝恩为首的哈佛学派对产业组织理论发展的关键性推动还体现在开创了基于产业范畴的市场活动分析范式。贝恩早在其经典著作《产业组织》出版前,就在《利润率与产业集中的关系:美国制造1936—1940》和《新竞争者的壁垒》这两篇文章中,用产业层次理论对美国市场领域的企业资料依据产业性质分类展开分析研究。通过将市场活动的研究切入点聚焦于特定产业的相关企业,市场行为研究能够更准确地捕捉价值链上的要素转换过程,使研究学者可以摆脱传统市场活动纯理论的数据分析,将研究视角从价值转换与消费角度延伸,分析特定市场中影响市场行为与绩效的内在动因。相较于传统的非产业分类研究方法,SCP分析框架在揭示特定市场环境中的价值转换过程方面展现出显著的理论深度和科学性。这一理论创新不仅使产业经济成为划分市场企业性质的核心概念,更推动了市场企业分类和经济现象分析范式的重要转型——从传统的产品性质分类转向产业组织上下游关系分类,由此形成了具有深远影响力的产业组织研究新范式。

贝恩基于产业组织理论中最具代表性的研究观点,从"市场集中度、市场进入条件、市场利润率预期"三个角度展开分析,对市场活动进行研究。他提出,在一个集中度较高的市场环境中,具有垄断地位的少数企业可能通过排除竞争来达成某种利益共识,借助企业之间缔结的协议,共同以不合理的价格或产品销售模式损害消费者的利益。这种垄断联盟不仅会损害消费者的利益,还会挤压同行业中小企业的生存空间,迫使这一领域的其他企业认同其提出的行业标准,而拒绝接受标准的企业将因受到排挤而失去在市场上立足的机会。要打破这种局面,必须依靠更高层级的行业组织或政府机构出台反垄断政策,才能有效遏制垄断行为带来的负面影响。传统SCP分析框架见图3-1。

图3-1 传统SCP分析框架

(注:笔者参照张旭恒主编《产业经济学》中的传统SCP分析框架绘制完成)

3.1.2 对传统SCP分析框架的修正

从内容上看,以贝恩为代表的哈佛学派提出的SCP分析框架具有重要的理论贡献，在推动市场研究发展方面发挥了重要作用。然而，SCP分析框架也并非没有缺点，其理论本身存在很多不足之处，学术界对此已有大量研究，众多专家学者从不同角度对其进行了论证分析，并提出了丰富的理论观点。

Schmalensee(1988)提出，SCP分析框架在基础上缺乏传承明晰的理论源流。尽管贝恩提出其理论建立在Mason(1939)的主流产业组织理论基础上，但其研究采用了非正统的分析方法，用以探讨市场结构、行为与绩效之间的关系。

此外，尽管SCP分析框架从未否认除市场结构外的其他因素也可能对市场行为产生决定性影响，但其理论建构并未将这些有可能产生决定性影响的其他要素纳入市场活动的分析范畴。从这一角度来说，SCP分析框架的理论指标至少是不全面的，而其在分析过程中既未补充其他要素，也未为后续纳入新变量预留空间，这是其理论体系上的重大缺陷。这种固化的要素设计导致后续研究者若想引入新变量，必须重新评估各要素间的权重关系，并重新验证模型的适用性，从而使框架的改进与优化面临诸多困难。

除了分析活动指标未能全面引入理论要素外，贝恩提出的SCP分析框架所主要遵循的产业组织划分模式，在资料采集方面也具有一定的不足与缺陷，主要体现在以下方面。

其一，虽然贝恩认识到官方会计资料作为信息采集渠道的产业信息汇总，与特定产业领域行业组织提供的产业信息之间存在较大差异，但SCP分析框架并未深入分析此类差异产生的原因，而是主观地选择了以官方会计资料作为首选资料的统计数据采信模式。由于政府部门的官方会计资料在行业信息统计方面的权威性经常受到质疑，这种数据采信模式使得SCP分析框架在资料采信的科学性方面难以得到学术界的普遍认可。其二，在SCP分析框架模型指标的确立过程中，某些数值的定量与定性标准无法得到学术界的一致认同，如产品价值的技术构成、产品的供需情况、消费需求等。SCP分析框架模型建立的相关指标在确立上难免存在一定的主观性，且不同研究者因主观因素影响，在指标的定性与定量判断上可能存在差异，从而对同一课题的研究产生分歧，这必然导致模型分析无法避免人为因素带来的偏差。

　　美国学术界关于SCP分析框架理论缺陷的论证与研究,主要以芝加哥学派学者的观点最具代表性。芝加哥学派在20世纪60至70年代,通过理论研究提出了与贝恩等人的思想不同的产业组织理论,其代表性著作是Stigler于1968年出版的《产业组织》。芝加哥学派在理论思想上继承了早期自由主义经济学的有关思想,认为政府干预虽能短期调节市场问题,但危害巨大——赋予政府干预权意味着政府也可能实施负面干预,进而产生消极市场影响。对于此类负面干预,市场没有与之抗衡的平衡机制,要规避政府出于不良意图或决策失误而做出的负面干预行为,只能在市场已遭受严重损害后通过议会公决来制止,但这种事后补救措施往往为时已晚,即便纠正政策错误也难以弥补不良干预造成的巨额损失。

　　芝加哥学派认为,最好的方式并非直接的行政干预,而应当从价格方面进行调控性干预。这种基于价格的市场行为与绩效调节比硬性行政手段更为合理,属于有限干预范畴,因而能避免错误政策导致整体市场受损。芝加哥学派的Stigler(1968)、Posner(1979)、Reder(1982)在分析与改良哈佛学派理论的基础上,构建了用于分析市场活动的经验性分析模型,并运用该模型研究美国市场的经济活动,对此后的美国市场研究理论发展起到了重要的推动作用。

　　基于经济学家对哈佛学派的SCP分析框架提出的异议,后来的许多学者认为,有必要对传统的SCP分析框架做出修正,修正后的SCP分析框架如图3-2所示。

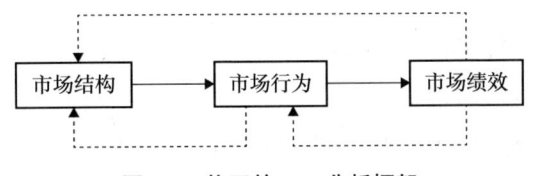

图3-2　修正的SCP分析框架

(注:笔者参照张旭恒主编《产业经济学》中更为复杂的SCP分析框架绘制完成)

　　从短期来看,在一定市场环境中,市场结构通常不会出现剧烈变化,因此在这种相对稳定的市场结构中,市场行为能够对市场绩效产生一定影响。不过从长远来看,市场结构、市场行为与市场绩效都处在动态的发展变化过程中,因此,究竟是市场行为导致了市场结构的变化，还是市场绩效影响了市场结构，并不能通过简单的因果关系来确定。为此，应当将SCP分析框架中的相互关系分别纳入短期和长期两个不同模型中进行研究，这样才能得出更为科学的结论。

3.1.3　SCP分析框架下产业组织政策的含义

按照我国的政策导向，产业组织政策可分为两个方面：一方面是鼓励竞争、限制垄断的政策（即反垄断和反不正当竞争行为的政策），其主要目标是维护市场秩序；另一方面，为了限制市场中过度竞争现象的发生，应在专业化与规模经济要求较高的产业中推行合理化政策。

按照政策的管理对象进行划分，产业组织政策可分为两类：一是市场结构控制政策，在市场结构的基础上，避免垄断现象的形成；二是市场行为控制政策，站在市场行为的角度，严格控制各种阻碍竞争以及不正当交易的产生。

我国颁布这一政策的主要目标是大力提升市场的有效竞争力，进而提升行业内各企业的资源配置效率。为实现这一目标，主要采取以下手段。一是控制市场结构，随时监督各行业中市场的结构变动，保证其产业的合理性；二是控制市场行为，有效监管企业中的市场行为，抑制垄断势力，为公平竞争提供良好的环境；三是重点解决"市场失灵"领域的企业资源配置不合理问题。

3.2　低碳技术创新影响食品产业发展的机制和路径：LTI-SCP分析框架的构建与解释

第4章将要展开的案例研究与本节的理论推演类似。首先，从SCP分析框架的产生和发展过程来看，其不断演进和修正的动力主要来自对两方面问题的完善与克服：一方面，SCP分析框架必须解决"市场结构、市场行为和市场绩效"与其他影响企业进步和产业发展的因素的联系和互动问题，即克服遗漏变量问题；另一方面，SCP分析框架必须解决内部核心要件之间的相互关系问题，即内生性问题。

本研究旨在通过研究低碳技术创新对食品产业发展的影响，构建低碳技术创新推动食品产业向低碳食品产业发展的LTI-SCP(Low-carbon Technology Innovation-SCP Framework)路径。这一研究具有双重意义:一方面基于SCP分析框架,从理论上描述和刻画低碳技术创新对食品产业发展的影响;另一方面,通过构建低碳技术创新影响食品产业发展的机制,弥补SCP分析框架在遗漏变量和内生性方面的问题。

3.2.1　从SCP到LTI-SCP的理论依据

Ostrom曾对框架、理论和模型做出明确区分。具体而言,框架是一个能够帮助人们在研究和分析中辨识其中的因素和相互关系的元理论结构;理论是研究者针对特定问题,从框架中选择具体影响因素并建立其逻辑关系的过程,研究者可据此提出研究假设;模型则是处理有限参数和变量的非常精确的研究假说。基于Ostrom提出的"框架—理论—模型"分析思路,本研究得以将经典的SCP分析框架进行拓展,以发展出适用于研究低碳技术创新影响食品产业发展的理论与模型。

作为通用分析框架,传统SCP分析框架是产业组织研究领域的共同语言。尽管已有诸多研究尝试建立普适性的产业组织发展分析框架,但如前文所述,这些努力和尝试都无法包容不同产业组织领域情景的复杂性。因此,本研究基于SCP分析框架的"元属性",将基于SCP分析框架所包含的影响产业组织发展的基本因素,并在原框架的基础上,将技术创新作为外部冲击因素接入传统SCP分析框架,由此形成了低碳技术创新影响下的LTI-SCP分析框架,并根据这个调整后的SCP分析框架,构建本研究的理论及假说。

3.2.2　LTI-SCP分析框架的建立

按照经典的SCP分析框架所呈现的逻辑,食品产业要得到发展,就必须通过"调整和升级产业结构→促进企业加大低碳技术投入→提升企业绩效"的路径来实现。而以往的研究往往从调整和升级产业结构开始分析,鲜有文献重视外部力量对SCP分析框架中所展现的产业系统的影响。本研究将在确定低碳技术创新能够提升企业绩效的基础上,将企业开展低碳技术创新作为影响SCP分析框架中产业发展系统的外部力量,构建如图3-3所示的LTI-SCP分析框架,从而通过探究低碳技术创新对SCP系统的影响,来观察低碳技术创新如何促进食品产业发展的具体路径和机制。本研究引入低碳技术创新这一外部冲击,与传统SCP分析框架进行对接,完善了SCP分析框架的基本结构,为克服遗漏变量提供可行路径。

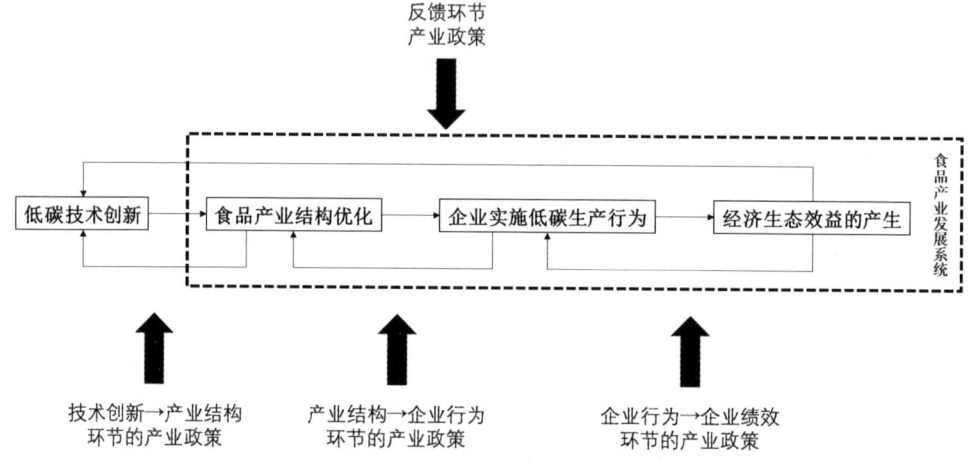

图3-3　理论框架:SCP分析框架下低碳技术创新影响低碳食品产业发展的机制路径

(注:作者结合本研究绘制)

3.2.3　LTI-SCP分析框架下低碳技术创新对企业绩效的影响

相关研究指出,低碳技术创新可以通过企业低碳技术创新过程中的资金投入强度、人员投入力度和工艺改进力度来体现。因此,低碳技术创新对食品企业绩效的影响,可具体通过企业在低碳技术创新中的资金投入强度变化、人员投入力度变化,以及工艺改进力度变化对企业绩效带来的变化来进行观察和推断。

其一,提高低碳技术创新过程中的资金投入强度能够使企业获得更好的经济绩效和生态绩效。资金投入是保障低碳技术创新得以实现的基础。企业在低碳技术创新过程中,不断增加经费投入,提高低碳技术创新投入占销售收入的比重,能够为低碳技术研发提供更多试错机会,从而增加技术改良和技术突破的可能性。低碳技术创新的直接效应是降低企业生产低碳产品的成本,并且能够以更环保的产品获得消费者在生态方面的认可,从而实现经济绩效和生态绩效的双重提升。

其二,企业提升低碳技术创新过程中的人员投入力度的提升能够使企业获得更好的经济绩效与生态绩效。技术人员的投入是企业所采用的低碳技术能够不断完善和改进的中坚力量。当企业增加低碳技术创新过程中投入的人员时,高级脑力劳动者的集聚效应可显著缩短低碳技术创新的周期,由此大大提高低碳技术的改良和创新效率。同时,企业若能持续引进和培养技术人才,将为低碳技术创新提供源源不断的内生动力。人员投入的增加不仅能够促进低碳技术创新的推送,还能降低食品企业生产低碳产品的成本,并获得消费者对企业生态责任的积极评价,从而收获更好的经济绩效和生态绩效。

其三,企业加强低碳技术创新过程中的工艺改进力度能够有效提升企业的经济绩效与生态绩效。工艺改进是低碳技术创新的关键环节。从广义来看,工艺改进可以分为管理技术的改进和生产工艺的改进。一方面,低碳技术创新是企业科技人员团队协作的成果,因此管理技术创新能够有效降低技术人员在这种团队协作过程中的协作成本,由此能够降低企业开展低碳技术创新的难度,缩短低碳技术创新的周期,最终助力食品企业获得经济和生态绩效。另一方面,生产工艺的改进是低碳技术创新在实践层面的具体表现,加大工艺改进力度会倒逼低碳技术的研发水平提升,从而推动企业低碳技术创新,最终在低碳技术创新的推动下获得更好的经济效益和生态效益。

综上所述,本研究认为,在LIT-SCP分析框架所呈现的主要因素的相互关系中,持续的低碳技术创新能够为企业带来更好的经济绩效与生态绩效。基于此,我们可以得到本研究的第一个关于"低碳技术创新是否能够给企业带来绩效"的研究假说,简称效益假说H1(H1:低碳技术创新能够为食品产业组织中的企业带来更好的经济绩效与生态绩效)。

3.2.4　LTI-SCP分析框架下低碳技术创新影响企业绩效的具体机制

从图3-3中我们可以直观地看到,当食品产业发展系统受到低碳技术创新的冲击时,整个系统的每个核心要件都将因低碳技术创新这一外部冲击而发生变化。

其一,食品产业结构将围绕低碳技术进行优化。产业组织中的各企业将因低碳技术创新的采用而重新组合与合作,从而使食品产业结构在低碳技术创新的影响下呈现新的聚集形式。具体而言,食品产业组织产业结构的变化可以通过企业间合作的紧密程度来衡量,而低碳技术具有溢出效应和公共属性,其持续创新和进步会吸引更多上、中、下游企业向具备技术创新能力的企业靠拢,以获得技术溢出效应,由此推动企业间合作紧密程度的提升。由此,企业在低碳基础创新中所进行的资金投入、人员投入和工艺改进力度的提升,都能提升食品产业组织内企业与上下游及同层次企业的合作程度,进而优化食品产业组织的产业结构。

其二,企业将基于低碳技术来改进生产行为。在采纳低碳技术创新后,企业的生产设备升级、工艺流程优化和管理模式重构都将更好地包含甚至完全基于低碳技术创新来实施,推动企业生产行为逐渐转变为低碳生产行为。具体而言,在LTI-SCP分析框架下,食品产业组织中的企业行为应更具体地表现为在低碳技术创新驱动下,企业在产品生产过程中体现的低碳生产理念和生产行为。本研究认为,随着企业在低碳技术创新过程中资金投入强度、人员投入力度和工艺改进力度的不断提升,食品企业将能以更低成本应用低碳节能环保技术,这些技术应用将不断强化企业对于低碳食品的积极态度,进而激励食品企业生产出更多的低碳食品。因此,随着企业在低碳技术创新过程中资金投入强度、人员投入力度和工艺改进力度的不断提升,其在低碳环保节能技术应用等方面的企业行为也将不断改善。

其三,企业绩效将更多地体现为环境友好的低碳绩效。由于产业组织围绕低碳技术进行了重组,且企业生产行为根据低碳标准进行了改进,企业绩效也将更多地表现为环境友好的低碳绩效。由此可见,在低碳技术创新的冲击下,食品产业组织已在各个环节具备了低碳食品产业的特征,因而接受低碳技术创新冲击的食品产业组织的运行和发展,也就表现为低碳食品产业组织的运行和发展。结合图3-3,本研究认为,由于整个食品产业将因低碳技术创新的冲击而进一步变革为低碳食品产业,因此,低碳技术创新对食品产业发展系统的冲击,正是其影响低碳食品产业发展的本质表现。

本研究基于LIT-SCP分析框架认为,低碳技术创新能够促进食品产业结构的优化,而食品产业结构的优化能够促进企业实施低碳生产行为,由此企业所实施的低碳生产行为最终使企业获得了食品产业组织中企业的经济绩效和生态绩效。根据该理论构建的逻辑推断,本研究提出关于"低碳技术创新通过何种机制为企业带来绩效"的研究假说,简称机制假说H2(H2:低碳技术创新影响食品产业发展的机制路径表现为,低碳技术创新将促进食品产业结构的优化,而食品产业结构的优化将促进企业实施低碳生产行为,由此企业的低碳生产行为能够使企业获得经济绩效和生态绩效)。

本章小结

本章通过对SCP分析框架发展历程的梳理,总结了其优势与不足。在此基础上,结合低碳食品产业发展的客观规律,基于低碳食品产业的SCP互动过程构建了低碳食品产业发展系统,并将低碳技术创新视为低碳食品产业发展的外部冲击,由此结合SCP分析框架的思路,总结并呈现了低碳技术创新的冲击下,低碳食品产业的改善和发展过程,即低碳技术创新如何通过低碳食品产业的产业结构、企业行为与企业绩效的改善,实现对低碳食品产业的促进,从理论上为回答"低碳技术创新是否能够给企业带来绩效"和"低碳技术创新通过何种机制为企业带来绩效"两个关键问题的基本逻辑。

本研究将"调整和升级产业结构→促进企业加大低碳技术投入→提升企业绩效"的传统路径模块视为食品产业发展系统,将原本相互作用的SCP三个核心模块作为接受低碳技术创新这一外部冲击的整体。具体而言,按照传统SCP分析框架呈现的逻辑,结构、行为和绩效是相互影响的独立主体。然而,通过前文文献分析可以发现,虽然这三个要素常被单独研究,但它们之间的相互作用使得"调整和升级产业结构→促进企业加大低碳技术投入→提升企业绩效"构成了一个完整的产业发展运行系统。这个系统的稳定需要产业结构、企业行为和企业绩效三者形成稳定且良性的相互作用关系。这种相互作用关系的改善和升级,会带动产业发展形态的变化,表现为产业的发展。因此,在存在食品产业低碳技术创新这一外部冲击的前提下，本研究将"调整和升级产业结构→促进企业加大低碳技术投入→提升企业绩效"视为食品产业发展系统，在这个系统中，产业结构、企业行为和企业绩效在低碳技术创新的冲击下发生新的相互作用，形成了新的作用关系，由此推动传统食品产业向低碳食品产业转型。

本研究重点考察低碳技术创新冲击带来的SCP三要素关系变化，并据此确定产业政策的内容和方向。产业组织政策通常旨在改善产业结构、企业行为和企业绩效存在的不足。本研究基于低碳技术创新的外部冲击和由"调整和升级产业结构→促进企业加大低碳技术投入→提升企业绩效"构成的食品产业发展系统，有针对性地提出低碳技术创新背景下的产业政策布局，一方面使得本研究构建的LTI-SCP分析框架更加具体，另一方面旨在促使食品产业发展更加稳定。

本章基于对LTI-SCP分析框架的建立，提出了效益假说（H1）和机制假说（H2）。

H1：低碳技术创新能够为食品产业组织中的企业带来更好的经济绩效与生态绩效。

H2：低碳技术创新影响食品产业发展的机制路径表现为，低碳技术创新将促进食品产业结构的优化，而食品产业结构的优化将促进企业实施低碳生产行为，由此企业的低碳生产行为能够使得企业获得经济绩效和生态绩效。

在接下来的章节，我们将通过案例分析，从事实观察的层面，证明本研究所提出的两个研究假说的合理性，并从经验角度基于本章所建立的LTI-SCP分析框架，对低碳技术创新影响低碳食品产业发展的效益假说和机制假说进行实证检验与证明。

第4章 低碳技术创新促进低碳食品产业发展的案例分析

第3章构建了LIT-SCP分析框架下技术创新影响低碳食品产业发展的机制路径,从理论上推演"低碳技术创新是否能够给企业带来绩效"以及"低碳技术创新通过何种机制为企业带来绩效"两个关键问题的基本逻辑,由此提出了效益假说(H1)和机制假说(H2)。假说提出后,需要在实践层面证明其存在性与合理性,才能具有进一步剖析的意义。本章将基于前文的分析,通过对典型企业的调查访问,从经验层面对理论框架予以检验和支持。

基于低碳技术创新对食品产业发展系统的冲击,是低碳技术创新影响低碳食品产业发展系统的本质表现的理论构建,本章将通过对YK集团的访谈和调查材料的梳理,从企业实践案例的层面,观察低碳技术创新对食品企业和食品产业的影响,一方面从经验层面对第3章图3-3所提出的理论逻辑和研究假说进行观察和检验,另一方面也为后文的实证分析奠定实践层面的案例基础。

4.1 案例企业的选定与企业概况

4.1.1 案例企业的选定

民以食为天,禽畜类食品是非常普遍的食品,规模化生产经营的禽畜类食品企业往往具有较长或较完整的产业链,同时基于研究资料获取渠道方面的考虑,本研究特选择中国较大的禽肉供应企业——YK集团作为案例分析企业。本章通过对YK集团访谈调查的梳理和总结,从案例视角探讨低碳技术创新对企业绩效的影响及其机制,一方面验证理论构建,另一方面为实证研究提供现实依据。

4.1.2　案例企业概况

YK集团属于我国食品加工制造的大型企业集团,集团于2004年正式成立,主要经营农牧产品的食品加工制造,目前是我国农牧食品加工行业中规模首屈一指的大型企业,集团业务从禽类养殖、饲料生产、禽肉加工、生鲜、熟食肉制品销售到农业物联网运营,行业资讯分析,销售平台建设等多个领域都有涉猎,目前集团已经构建形成了集多元经营于一体的全产业链生态型农牧食品经营链条。

集团注册地位于江苏宿迁,在南京、青岛分别设有行政总部、人力资源总部,在山东、江苏设有60余家产业基地与研发中心。

4.2　案例企业低碳生产与低碳技术创新分析

4.2.1　案例企业养殖加工低碳技术创新的重要作用

YK集团是一个以肉鸭为主要产品的企业,技术创新,尤其是低碳技术创新在企业的生产、经营当中占据了非常重要的地位。

首先,鸭肉作为该企业的主打产品之一,在健康饮食方面具有显著优势。预计到2026年,中国禽肉人均消费量将达到15.7千克,比2016年增长近2千克。YK集团认为,鸭肉、鸭产品具有低脂、低胆固醇等特性,以及清热去火、滋肝补肾等功效,随着禽肉市场需求的稳定发展,鸭肉市场空间将逐渐释放。有关数据显示,2016年我国的肉类整体产量达到了8.5亿千克,禽肉产量达到了1.88亿千克,禽肉产量可以占到我国肉类整体产量的21.9%。其中鸭肉产量达到了7000万千克,占到我国肉类整体产量的8%,是继猪肉、鸡肉之后我国食品消费领域市场份额最大的肉类产品。

同时,肉鸭养殖加工也是获得羽绒等副产品的主要渠道。如果我国未来的羽绒制品消费在结构上向发达国家的结构比例发展,我国的羽绒产品需求量将会非常大,这为我国的羽绒制品制造企业提供了良好的市场发展空间与行业发展机遇。

我国的肉鸭生产和消费占世界肉鸭出栏和消费的70%左右。相对于其他国家,我国具有完整的肉鸭生产和消费的产业链,以及巨大的出口潜力。而且鸭属于水禽,抗病能力强,发病较少,较少有疾病传播。

4.2.2　案例企业低碳养殖加工低碳技术创新实践现状

YK集团在生产运营过程中涉及大量的电、汽的应用,因此能源消耗控制也是YK集团日常管理的一项工作重点。特别是近年来国家大力推动环境保护,倡导低碳排放,YK集团高度重视国家政策导向,也一直致力于低碳运营工作的开展,主要体现在以下几个方面。

(1)养殖端的低碳管理。

YK集团大力推行养殖小区建设,推行IBS系统应用,推进无人养殖技术,发明并在行业内推广肉鸭笼养技术,提高单位土地养殖数量,提升养殖水平、养殖质量和养殖效率,集中处理粪污,通过阳光房、黑膜氧化技术对粪污进行处理,变污物为有机肥,保护了环境,创造了价值。

(2)生产端的低碳管理。

在生产端,YK集团一直持续推行精益生产,提升员工效率,降低能源消耗,消除现场浪费,提高对资源的利用率,有效节约水、电、气的使用,减少污染物的排放,以促进低碳经济的发展。YK集团所采用的一些具体的生产端低碳管理措施包括:

- 提倡员工节约用电,按时开停照明及其他设备;
- 使用制冷机、风机配电柜节电系统(节电10%—20%);
- 夏季室内空调温度不低于26℃,冬季室内供暖温度不高于20℃;
- 生产过程中水的回收利用;
- 尝试进行蒸发冷排气的热量回收;
- 在屋面安装太阳能板发电;
- 所有分公司淘汰燃煤小锅炉,更换成天然气锅炉;
- 企业的低碳技术创新。

一是用户端的智能养殖IBS系统。智能养殖IBS系统,主要用户为广大水禽养殖户,外围用户包括水禽养殖场饲养员、饲料业务员、兽药业务员、禽苗业务员、肉禽收购员等行业从业人员,其目的是为用户提供一站式资讯与技术信息。具体内容和板块包括:养殖科学标准规范、养殖过程、端对端的交易平台、禽业金融服务平台、大数据分析平台、行业信用管理平台、行业绿色认证管理平台。智能养殖IBS系统提供的专家讲授平台,能够帮助广大用户提高专业水平。开设专家讲堂平台,邀请专家在平台讲课和发言,与用户互动,提高用户知识水平,提升专家知名度。专家根据各自知识结构,可要求开通各类课程,如养殖自动化、疫病防治、营养健康等。设置首页、专家页面、订阅页面等分支页面。首页提供热点、推荐以及常规顺序展示。专家页面显示各类专家,订阅的在前,然后是最近查阅的,最后是按照用户喜欢的话题排列。订阅页面显示用户订阅的资料。

二是肉鸭笼养技术。肉鸭笼养技术是指将肉鸭养殖在特定的笼子里。这种养殖技术具有以下优势。①节省人工。单次养殖管理量可达传统模式的4倍,人均饲养量提升至3万只。②提高生产效率。年出栏批次由传统的6批增至8批,生产效率提升33%。③提升养殖效益。料肉比降低0.05—0.08,饲料消耗减少,收益显著增加。④保障食品安全,封闭式环境降低发病率,减少兽药使用,大幅提升产品安全性。⑤实现环保养殖,配套粪污处理系统、实现零排放。⑥节约土地资源,单位面积饲养量从传统模式的6—7只/平方米提升至18只/平方米,土地利用率提高近3倍。

三是肉鸭无人值守养殖技术。该技术通过电子信息监控平台,在优质的饲养基地内全方位监控肉鸭的生长情况。这种技术既可以避免对肉鸭造成的损害和污染,也能够提高粪便集中处理的效率,降低了污染水平,减少了人畜病例。

四是其他正在探索和推进的低碳生产技术,包括进行速冻库改造项目的探索,实现无人出入库,降低能耗;开展污泥资源化利用研究,通过烘干发酵工艺生产有机肥;与江苏电力公司合作探索使用空气源热泵系统,综合利用空气及制冷系统中的能源,减少蒸汽的使用量;与广州永淦公司联合开发蒸汽热泵技术,探索清洁能源替代方案。

　　未来,YK集团将不断探索新技术、新设备在行业内的应用,力争在能源管理和低碳化管理方面成为行业标杆,推动行业的发展和进步。

4.2.3　企业低碳技术创新的即期效应

　　YK集团主要从养殖技术、肉鸭屠宰加工流程改善、降耗节能技术等方面实现效益提升。在养殖技术方面,推行养殖小区模式并优化养殖技术,提高单位土地养殖效率;在屠宰加工环节,实施双线并行改造,减少人力和设备投入,降低水电气消耗;在生产管理上,创新精益生产模式,建立符合YK实际需求的生产体系,减少资源浪费,降低生产成本;在节能技术应用上,采用节电器、节能器等设备,节省电力和热能资源,降低运营成本;同时,通过污泥处理设施实现废弃物资源化利用,并应用热泵技术,利用峰谷电价差及热能回收提升能源利用效率。从长期发展来看,低碳技术的创新确实为YK集团带来了显著效益。

　　然而,低碳技术创新并非简单的"投入即产出"。虽然低碳技术是未来趋势,但目前技术尚未完全成熟,且YK集团的基础设施仍需升级,短期内可能难以实现明显的效益提升,甚至可能面临阶段性亏损或技术应用失败的风险。尽管如此,YK集团始终遵循"绿水青山就是金山银山"理念,认为企业绝不能以破坏生态环境和过度消耗资源为代价换取短期利益,这样的发展模式既不符合国家政策,也不被市场认可。近年来,受严峻的环保形势、煤改气、气提价等因素的影响,工业供水、电力、天然气等价格不断提升,导致YK集团在产品生产方面的各项费用不断增加,成本越来越高,利润空间不断压缩。针对这样的发展困境,YK集团通过深入研究与思考,认为未来企业发展的出路就是响应国家号召,快速推进低碳生产工作,通过节能降耗提升绩效,为企业创造良好的生存空间和发展环境。虽然低碳技术创新短期内可能增加投入,但从长远来看,它能显著提升生产效率、降低能源消耗,从而增强企业的市场竞争力。此外,在新的政策要求和市场环境下,YK集团将逐步淘汰脏、乱、污企业,这对于去产能、净化市场竞争环境、提高企业效益有很大的好处。YK集团应积极响应党和国家的号召,将低碳技术创新应用到企业的每一个环节。

4.2.4　企业低碳技术创新的未来影响

目前,禽畜屠宰加工企业在低碳技术的应用上还是比较落后。不论是在成熟技术的应用还是在新技术的创新上,相较于其他行业,YK集团目前还处在比较低的层次。同时,由于整个行业水平较为落后,在低碳技术的应用及推广上,前期投入成本较高,目前还没能把低碳技术的应用做到较高的水平,整体无参照标杆。然而,低碳技术应用必将成为企业未来发展的必然选择,也是企业提高市场竞争力、增强社会公信力的必然手段。尤其是在资源有效利用和生态环境保护等方面,物联网技术的应用将成为必然。传统行业与先进的互联网行业的深度融合也是未来发展的必然趋势。在低碳技术应用和创新方面率先取得突破的企业,必将在市场竞争中占据优势地位。这种低碳技术创新趋势也势必带来显著的未来影响。

4.3　案例企业低碳技术创新提升企业发展能力的SCP分析

4.3.1　低碳技术创新提升企业低碳技术创新能力

由SCP分析框架可知,企业绩效的提升来源于产业结构的升级和低碳生产行为的改善。而若将SCP分析框架视为一个产业发展系统,则低碳技术创新可以作为外部冲击来影响产业结构、企业行为以及企业绩效。为更清晰地展示这一影响机制,将图3-3简化为图4-1,重点呈现低碳技术创新作为外部冲击因素对低碳食品产业发展的影响路径。基于图4-1所示的研究示意图,我们可以系统分析低碳技术创新对YK集团企业绩效的具体影响。

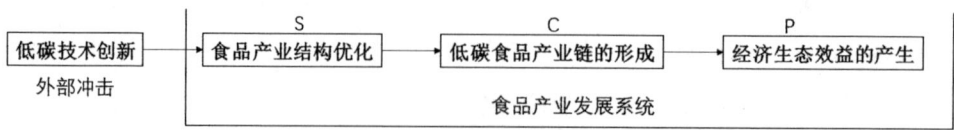

图4-1　低碳技术创新影响低碳食品产业发展的示意图

(注:笔者根据研究内容绘制)

YK 集团通过自主创新已掌握多项低碳核心技术。根据前文案例分析,YK 集团拥有自主产权的低碳技术创新包括智能养殖系统、肉鸭笼养技术和肉鸭无人值守养殖技术;同时通过合作研发掌握了速冻库改造、污泥有机肥转化、空气源热泵系统等关键技术。

4.3.2　低碳技术创新推动产业结构优化

在低碳技术创新的驱动下,YK 集团所处的鸭肉产业的结构开始发生变化。具体体现在两个方面。

一方面,低碳技术创新使 YK 集团与上下游生产经营者的合作更为紧密。在采用了智能养殖系统、肉鸭笼养技术和肉鸭无人值守养殖技术后,养殖效率和养殖质量提高,不仅使得 YK 集团获得了更多下游合作者的信赖,成为更多鸭肉加工和再加工、鸭肉流通等行业中企业的供应商,也吸引了更多上游的养鸭农户加入公司标准化养殖体系,从而形成了肉鸭从养殖、加工、流通到销售的更为紧密的产业链。上下游企业正是基于对 YK 集团低碳技术创新的认可而主动寻求合作,集团也借此契机持续完善和升级肉鸭全产业链。

另一方面,低碳技术创新使 YK 集团以行业引领者身份,与同业企业开展技术合作和业务协同。这种创新驱动的合作模式不仅加深了企业间的技术交流,更提升了产业链的集聚程度和协同效应。

4.3.3　产业结构优化促使企业实施更多的低碳生产行为

低碳技术创新引发的产业结构优化促使 YK 集团持续改善低碳生产行为。为巩固低碳技术创新带来的产业引领地位,集团主动践行低碳生产和低碳管理。从访谈中可以看到,YK 集团采取了以下措施:①提倡员工节约用电,按时开停照明及其他设备;②使用制冷机、风机配电柜节电系统(节电 10%—20%);③夏季室内空调温度不低于 26℃,冬季室内供暖温度不高于 20℃;④生产过程中水的回收利用;⑤尝试进行蒸发冷排气的热量回收;⑥在屋面安装太阳能板发电;⑦所有分公司淘汰燃煤小锅炉,更换成天然气锅炉;⑧企业的低碳技术创新。在访谈中我们能够感受到，企业对于低碳生产技术和管理方式的推行，很大程度上来源于绩效提升给他们带来的动力，以及在产业结构变得更为紧密后，各方面的低碳生产诉求给他们带来的压力。由此可见，低碳技术创新正推动企业行为向可持续的方向发展。

4.3.4　企业低碳行为对企业效益的提升

在企业效益方面，YK集团通过低碳技术创新，确立了产业结构改善的引领者地位，进而促使自身采用了更多的低碳生产技术和管理技术，最终给企业的效益带来了极大的提高。其一，从经济效益来看，YK集团主要从养殖技术、肉鸭屠宰加工流程改善、降耗节能技术等方面实现效益提升。其二，YK集团出色的低碳技术创新为其赢得了广泛的社会效益。集团及子公司先后获得"江苏省农业产业化重点龙头企业""江苏省互联网与工业融合创新试点企业""江苏省民营科技企业""江苏省诚信经营示范企业"等称号，并建有"江苏省企业技术中心""江苏省企业研究生工作站""宿迁市优质肉禽良种繁育与疫病控制工程技术研究中心""山东省院士工作站"。其三，YK集团的生产及产品的生态效益显著。在食品安全体系构建方面，YK集团是江苏省首家禽肉出口认证企业。以当代高科技基因育种技术与生物病害防治技术用于进行禽类养殖；通过自主建立团队进行技术挖潜，研制出拥有独立产权的智能养殖IBS系统、智能农场信息系统（IFBS），通过高科技手段改造传统养殖工艺，实现了科技与生产的高效结合；构建了集饲料加工制造、包装物料质量检验、食品卫生检疫于一体的综合性生产质量控制系统；应用现代科技进行禽类传染源控制与冷链物流管理，以先进的技术措施确保产品的高质量与卫生安全性。

目前，YK集团正致力于打通养殖端的IBS溯源模块、工厂安全溯源数字系统及流通端溯源，从而建立完善的产品从养殖到流通的全过程安全可追溯体系。

综上所述，通过对YK集团因低碳技术创新而引起的食品产业系统的升级，最终为其带来企业效益的分析，我们可以看到，一方面，低碳技术创新能够为企业带来效益的增长；另一方面，低碳技术创新带动企业效益的增长是通过低碳技术创新所引起的食品产业发展系统外部冲击的变化,从而带动食品产业发展系统内部的食品产业结构和企业行为的转变的机制,实现食品企业效益的提升。

本章小结

本章通过对YK集团低碳技术创新驱动食品产业系统升级及其效益影响的分析,验证了以下发现:作为外部冲击的低碳技术创新,能够通过SCP分析框架的机制,为企业带来良好的效益。这一影响路径具体表现为低碳技术创新促使企业提升低碳技术创新能力,低碳技术创新促使产业结构优化,进而促进企业实施更多的低碳生产行为,最终促使企业获得更好的效益。这样的影响路径,符合本章在之前章节中提出的SCP分析框架下低碳技术创新影响低碳食品产业发展的机制路径的理论逻辑,使本研究的理论假说,以及为回答两个关键问题所构建的理论逻辑,在实践中具有存在性与合理性。由此,我们能够进一步通过统计数据,来对"低碳技术创新是否能够给企业带来绩效",以及"低碳技术创新通过何种机制为企业带来绩效"两个关键问题进行系统地回答,最终检验效益假说(H1)和机制假说(H2)的正确性。

接下来,我们将利用来自企业的调查数据,运用计量经济学方法,从实证分析的角度对本研究所提出的两个关键假说进行实证检验。其中,第5章是对实证分析所采用的样本数据进行描述性分析与相关统计处理,第6章是对"低碳技术创新是否能够给企业带来绩效"的效益假说H1进行系统检验,第7章是对"低碳技术创新通过何种机制为企业带来绩效"的机制假说H2进行系统检验。

第5章 数据来源与描述性统计分析

之前的章节提出了SCP分析框架下低碳技术创新影响低碳食品产业发展的机制路径的理论框架,并通过对典型企业的案例分析,从经验层面证明了该理论框架在实践中的合理性,体现了本研究为回答两个关键问题"低碳技术创新是否能够给企业带来绩效"及"低碳技术创新通过何种机制为企业带来绩效"所构建的理论逻辑的合理性。

从本章开始,研究将进入实证分析部分。本章将基于本研究所建立的低碳技术创新影响企业低碳生产及其效益机制的理论分析框架(第3章中图3-3),以及第4章的案例分析所得到的经验性结论,通过运用全国重点鸭肉企业的调研数据,对所提出的低碳技术创新条件下食品产业发展的SCP分析框架的逻辑合理性,以及回答"低碳技术创新是否能够给企业带来绩效",以及"低碳技术创新通过何种机制为企业带来绩效"两个关键问题的理论逻辑合理性,进行统计层面的初步判断与观察。

本研究选取了全国81家鸭肉加工企业,通过走访、电话采访和邮件沟通等方式对其主要管理人员进行了问卷调查和专题访谈,最后请受访人填写线上问卷。从低碳技术创新情况、创新后产业结构的变化情况、企业行为以及企业效益等四个方面,对这些企业开展低碳技术创新的行为如何影响其低碳生产方式的采用,进而影响效益的机制进行了调查。

5.1 数据来源

本研究问卷的设计工作于2018年4月完成,在设计过程中进行了系统的文献调研。通过中国知网检索发现,"低碳"相关文献有7971篇,其中,主题为企业管理的文献598篇,主题为节能减排的文献362篇,主题为低碳技术的文献242篇,主题为低碳设计的文献 96 篇;"低碳企业"相关文献 734 篇,其中,主题为低碳企业的文献 122 篇,主题为低碳技术的文献 11 篇,主题为低碳技术创新的文献 4 篇,主题为产业结构调整的文献 3 篇。在此基础上,进行略读和参考,借鉴了阳玉香(2012)、徐泓等(2012)的研究成果,结合调研的鸭肉食品加工企业现状,设计了涵盖引进低碳技术的花费在同类企业中的比较、节能减排资金是否用于新技术开发、企业竞争能力等方面的共 25 道问卷题目。

本研究选取了全国 81 家鸭肉加工企业进行调查,原因如下。

第一,食品加工是食品产业链中,拉动种养供给环节而实现发展的"中枢",食品加工生产的产品能推动运输、仓储、销售与消费环节,进而实现产业链的高效循环,促进食品产业的高效发展。因此,食品加工这样的核心环节,应成为探究食品产业及企业创新行为与相关效应的重点。食品加工业的发展是农业供给侧结构性改革中的关键环节,其开展低碳技术创新、采用低碳生产技术、获得低碳创新效益对整个国家的供给侧结构性改革有重大的推动作用,因此选择食品加工企业为调研样本也符合目前国家实际的发展需要。

第二,食品产业的范围非常广,客观上难以在单项研究中完成对所有食品产业的数据收集与研究分析。从技术与操作上的可行性看,选择有一定代表性的食品产业内同一行业的企业数据资料,可以深入到特定产业的企业层面进行分析,体现本研究的深入实际与真正"落地",由此反映技术创新对食品产业发展影响的实质性问题。

第三,企业调研有一定的难度,数据得来不易,81 家企业虽然数量不多,但是基本上是国内鸭肉加工行业内的知名企业,在低碳技术创新能力、企业行为,以及企业效益方面,能够代表我国目前的发展现状。如果选择不同类别的企业进行调研,企业的异质性将影响对低碳技术创新对食品企业作用的观测效果。具体而言,不同产品生产企业因工艺流程差异,对低碳技术创新的需求各异,这种异质性会导致观测变量的标准不一,难以提炼共性规律。而选择同类鸭肉企业可使特征变量的衡量标准保持一致，便于在食品生产过程中清晰观测低碳技术创新对产业系统及生产企业的影响机制。

第四，我国的鸭肉加工已经达到了世界级水平，且国内的鸭肉食品产业链的建设也较为完善，因此选择鸭肉加工企业进行低碳技术创新方面的研究，能更完整地呈现技术效果、更系统地总结机制过程，从而使研究结论更具代表性。此外，鸭肉作为百姓日常禽肉类消费的主要消费品之一，其市场需求决定了低碳技术创新对人民美好生活具有重要意义。

总之，以鸭肉加工企业作为调研案例，对探索低碳技术创新对企业效益的影响机制和路径具有显著代表性和积极的现实意义。

本研究的数据均来自调查问卷。问卷内容包括企业基本情况、企业开展低碳技术创新情况、企业开展创新后所引起的产业结构的变化情况、企业的低碳生产行为以及企业效益五个部分。研究团队依据企业名录进行筛选后，采用实地走访、电话访谈及邮件调查相结合的方式，共发放问卷114份，回收有效问卷81份，问卷有效率为71.1％。图5-1展示了受访企业的地区分布情况。

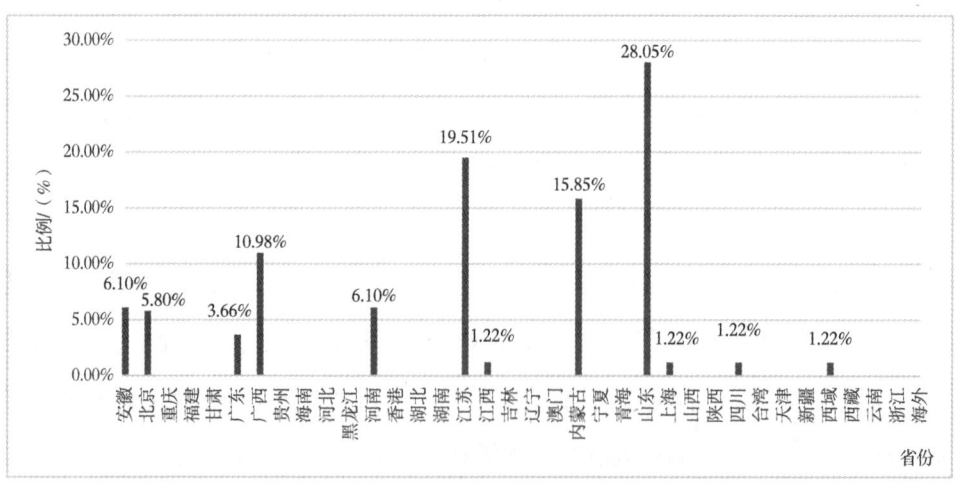

图5-1　问卷发放的受访企业地区分布情况

（注：此图为电子问卷自动生成的企业地区分布图）

5.2　行业实证研究的描述性统计分析

5.2.1　样本企业的构成

在选定行业的受访企业中,发展历史最长的企业成立于 1954 年,已经持续经营了 64 年(截至调查时间);最年轻的企业成立于 2016 年。总体而言,在所有的 81 家受访企业中,有 9 家成立于 2010 年,占比 11.11%;有 8 家成立于 2004 年,占比 9.88%;成立于 2008 年和 2011 年的企业都分别有 7 家,各自占比为 8.64%;成立于 1997 年的企业有 5 家,占比 6.17%;成立于 2016 年的新企业有 5 家,占比 6.17%。总体而言,受访企业的平均经营时间为 11.716 年。这样的生产经营年限,足以使我们观察到低碳技术创新给企业和产业所带来的变化。因此从经营时间来看,本研究所选择的样本是具有较好的现实意义的。

在企业规模方面,受访企业中,拥有员工规模为 500 人的企业数量最多,为 7 家,占比为 8.64%;拥有员工规模为 50 人和 1000 人的企业占比第二,都为 5 家,各自占比均为 6.17%;规模为 200 人、600 人和 2000 人的企业占比排在第三,都为 4 家,各自占比均为 4.94%。此外,超过 10000 人的企业为 3 家,占比为 3.70%。从受访企业规模可以看到,食品加工企业的规模参差不齐,有大到上万人的企业,也有小到只有几十人的企业。企业的规模大小不同是否会对企业的技术创新和效益产生影响,这是在研究的实证分析部分必须考虑和进行控制的因素。企业基本情况如表 5-1 所示。

表 5-1　企业基本情况

内容	均值	标准差	最小值	最大值
企业开展经营时间/年	11.716	8.606	2	64
企业规模/人	380	3.09	5	60000

5.2.2 样本中企业的低碳技术创新投入与产出情况

1. 样本中企业的低碳技术创新投入情况

在低碳技术研究与试验发展经费占总研究与试验发展经费的比例方面,占比最大的企业达到105%,占比最小的企业没有对低碳技术进行任何投入。总体而言,低碳技术研究与试验发展经费占总研究与试验发展经费的比例的平均值为18.06%。在从事低碳技术研发与应用的科技人员占总技术人员的比例方面,占比最大的企业达到100%,占比最小的企业没有从事低碳技术研发与应用的科技人员。总体而言,从事低碳技术研发与应用的科技人员占总技术人员的比例的平均值为10.23%。在节能减排投入占销售收入比重方面,占比最大的企业为65%,最小的企业没有在节能减排方面进行投入。总体而言,节能减排投入占销售收入比重的平均值为10.50%。企业低碳技术投入情况如表5-2所示。

表5-2 企业低碳技术投入情况

内容	均值/(%)	标准差/(%)	最小值/(%)	最大值/(%)
低碳技术研究与试验发展经费占总研究与试验发展经费的比例	18.06	22.26	0	105
从事低碳技术研发与应用的科技人员占总技术人员的比例	10.23	16.22	0	100
节能减排投入占销售收入比重	10.50	13.72	0	65

在同类企业引进低碳技术花费比较方面,有32.10%的企业与同类相当,有29.63%的企业略高于同类企业,有22.22%的企业略低于同类企业。而有4.94%的企业在低碳技术方面的投入要明显高于同类企业,也有11.11%的企业认为自身在低碳技术投入方面与同类企业相比有明显不足。同类企业引进低碳技术花费比较如表5-3所示。

表5-3　同类企业引进低碳技术花费比较

同类企业引进低碳技术花费比较	频数	比例/（%）
非常低	9	11.11
比较低	18	22.22
一般	26	32.10
比较高	24	29.63
非常高	4	4.94

在节能减排资金是否用于技术创新方面,有43.21%的企业将大多数节能减排资金用于低碳技术的开发,有24.69%的企业将一部分节能减排资金用于低碳技术创新,有19.75%的企业将少部分节能减排资金用于低碳技术研发,有9.88%的企业几乎不会将节能减排资金用于低碳技术创新研发,有2.47%的企业将几乎全部的节能减排资金用于低碳技术研发。节能减排资金的用途有许多方面,从统计来看,将近一半的企业会考虑将节能减排资金较多地用于基础性的低碳技术研发,表现出目前我国食品加工企业对节能减排的认识已经达到了一定的高度,因此节能减排的发展也进入了以技术带动为主的新阶段。节能减排资金是否用于技术创新如表5-4所示。

表5-4　节能减排资金是否用于技术创新

节能减排资金是否用于技术创新	频数	比例/（%）
几乎不用于	8	9.88
较少用于	16	19.75
一般	20	24.69
多数用于	35	43.21
绝大多数用于	2	2.47

在节能减排资金是否用于招募和培养科技人员方面,有34.57%的企业会将更多的节能减排资金用于该项活动,有33.33%的企业会将较少的节能减排资金用于招募和培养研发人才,有6.17%的企业几乎不会在这方面进行投入,也有2.47%的企业会将绝大多数的节能减排资金用于招募和培养科技人才。节能减排资金的用

途有许多方面,从统计中可以看到,将近四成的企业会考虑将节能减排资金较多地用于招募和培养低碳研发科技人员,表现出目前我国食品加工企业对人才在节能减排中的作用的认识已经达到了一定的高度,因此节能减排的发展也进入了以人才为发展驱动力的新阶段。节能减排资金是否用于招募和培养科技人员如表5-5所示。

表5-5　节能减排资金是否用于招募和培养科技人员

节能减排资金是否用于招募和培养科技人员	频数	比例/(%)
几乎不用于	5	6.17
较少用于	27	33.33
一般	19	23.46
多数用于	28	34.57
绝大多数用于	2	2.47

在节能减排资金是否用于加强企业管理方面,有39.51%的企业将多数的节能减排资金用于加强企业管理,有25.93%的企业将较少的节能减排资金用于加强企业管理,有3.7%的企业几乎不会将节能减排资金用于企业管理的强化,有9.88%的企业会将绝大多数的节能减排资金用于强化企业管理。节能减排一方面是技术方面的进步,另一方面也是管理方面的改善。从统计结果来看,有四成以上的企业会将节能减排资金多数用于改善与加强企业管理,说明我国食品加工企业对节能减排和低碳生产的认识已经摆脱单一的技术改造,进入了一个方法较为多元化的时代,节能减排资金是否用于加强企业管理如表5-6所示。

表5-6　节能减排资金是否用于加强企业管理

节能减排资金是否用于加强企业管理	频数	比例/(%)
几乎不用于	3	3.70
较少用于	21	25.93
一般	17	20.99

续表

节能减排资金是否用于加强企业管理	频数	比例/(%)
多数用于	32	39.51
绝大多数用于	8	9.88

在节能减排资金是否用于优化生产工艺方面,有46.91%的企业会将多数的节能减排资金用于优化生产工艺,有24.69%的企业会将部分节能减排资金用于优化生产工艺,有20.99%的企业会将少部分节能减排资金用于优化生产工艺,有6.17%的企业会将绝大多数节能减排资金用于优化生产工艺。从统计数字来看,优化生产工艺是企业节能减排的主要途径之一。节能减排资金是否用于优化生产工艺如表5-7所示。

表5-7　节能减排资金是否用于优化生产工艺

节能减排资金是否用于优化生产工艺	频数	比例/(%)
几乎不用于	1	1.23
较少用于	17	20.99
一般	20	24.69
多数用于	38	46.91
绝大多数用于	5	6.17

在节能减排资金是否用于改造旧设备方面,有51.85%的企业选择将多数节能减排资金用于旧设备的改造,有24.69%的企业会将一定数量的节能减排资金用于旧设备的改造,有8.64%的企业会将较少的节能减排资金用于旧设备的改造,有11.11%的企业会将几乎全部的节能减排资金投入旧设备的改造。此外,也有个别的企业不会将节能减排资金用于旧设备的改造。可以看到,将节能减排资金用于改造旧设备是大多数企业选择的节能减排方案。节能减排资金是否用于改造旧设备如表5-8所示。

表5-8   节能减排资金是否用于改造旧设备

节能减排资金是否用于改造旧设备	频数	比例/(%)
几乎不用于	3	3.70
较少用于	7	8.64
一般	20	24.69
多数用于	42	51.85
绝大多数用于	9	11.11

在节能减排资金是否用于购买新设备方面,有4.94%的受访企业表示将绝大多数节能减排资金用于购买新设备,有46.91%的受访企业将节能减排资金多数用于购买新设备,有32.10%的受访企业将一部分节能减排资金用于购买新设备,而有9.88%的受访企业将较少的节能减排资金用于购买新设备,也有6.17%的受访企业几乎不会将节能减排资金用于购买新设备。节能减排资金是否用于购买新设备如表5-9所示。

表5-9   节能减排资金是否用于购买新设备

节能减排资金是否用于购买新设备	频数	比例/(%)
几乎不用于	5	6.17
较少用于	8	9.88
一般	26	32.10
多数用于	38	46.91
绝大多用于	4	4.94

2. 样本中企业的低碳技术创新产出情况

在低碳技术专利授权数方面,有60.49%的企业并没有低碳技术方面的专利产出,有12.35%的企业有1项低碳技术方面的专利,有8.64%的企业有2项低碳技术方面的专利,有7.41%的企业有3项低碳技术方面的专利,低碳技术专利授权数最多的有50项。受访企业低碳技术专利授权数的总体均值为3.07个。可以看到,虽然许多企业对于低碳技术创新存在各方面的投入,但是从专利产出的角度来看,大部分企业的产出还是比较低的。

在企业自主研发低碳工艺数方面,数量最多的企业的低碳工艺数为 60 项,46.91% 的企业没有自主研发的低碳工艺。从总体来看,企业自主研发低碳工艺数的均值为 3.15 个。

在企业自主研发低碳设备数方面,数量最多的企业的自主研发设备数为 70 个,51.85% 的企业没有自主研发的低碳设备。从总体来看,企业自主研发低碳设备数的均值为 10.50 个。

在企业自主研发低碳产品数方面,数量最多的企业有 121 个相关产品,50.62% 的企业没有自主创新的低碳产品。从总体看,企业自主研发低碳产品数的均值为 5.11 个。

可以看到,虽然许多企业在低碳技术创新方面存在各方面的投入,但是从企业的低碳自主创新成果产出来看,大部分的企业还是处于"有投入无产出"的状态。企业低碳技术创新产出情况如表 5-10 所示。

表 5-10　企业低碳技术创新产出情况

内容	均值	标准差	最小值	最大值
低碳技术专利授权数	3.07	9.15	0	50
企业自主研发低碳工艺数	3.15	10.35	0	60
企业自主研发低碳设备数	10.50	13.72	0	70
企业自主研发低碳产品数	5.11	16.04	0	121

5.3　样本体现的产业结构、企业行为与企业绩效

5.3.1　样本体现的产业结构情况

本研究通过受访企业与上下游企业的合作紧密度及其所占的市场份额衡量产业结构的情况。

在是否与上游企业存在紧密的合作关系方面,有 27.16% 的受访企业与上游企

业保持着紧密合作,有45.68%的受访企业与上游企业保持着较多合作,有23.46%的受访企业与上游企业保持着一般性的合作,也有3.70%的企业与上游企业很少合作或者没有合作。与上游企业合作关系的情况如表5-11所示。

表5-11　与上游企业合作关系的情况

是否与上游企业存在紧密的合作关系	频数	比例/(%)
无合作	1	1.23
很少合作	2	2.47
一般	19	23.46
较多合作	37	45.68
紧密合作	22	27.16

在是否与下游企业存在紧密的合作关系方面,有27.16%的受访企业与下游企业保持着紧密合作,有39.51%的受访企业与下游企业保持着较多合作,有27.16%的受访企业与下游企业保持着一般性的合作,也有6.17%的企业与下游企业很少合作,没有受访企业与下游企业没有任何合作。与下游企业合作关系的情况如表5-12所示。

表5-12　与下游企业合作关系的情况

是否与下游企业存在紧密的合作关系	频数	比例/(%)
无合作	0	0
很少合作	5	6.17
一般	22	27.16
较多合作	32	39.51
紧密合作	22	27.16

在是否与同类型企业存在紧密的合作关系方面,有11.11%的受访企业与同类型企业保持着紧密的合作,有37.04%的企业与同类型企业保持着较多合作,有34.57%的受访企业与同类型企业保持了一定程度的合作,有17.28%的受访企业表示很少与同类型的企业合作或者根本就没有建立合作关系。与同类型企业合作关系的情况如表5-13所示。

表5-13 与同类型企业合作关系的情况

是否与同类型企业存在紧密的合作关系	频数	比例/(%)
无合作	1	1.23
很少合作	13	16.05
一般	28	34.57
较多合作	30	37.04
紧密合作	9	11.11

从企业在市场中所占的份额大小方面,占企业所在地当地市场份额最大的鸭肉加工企业的份额为85%,最小的企业在当地市场中几乎没有份额。该项统计数据的平均值为13.86。

从统计结果上看,大多数受访企业能够与其上下游企业以及同类型企业保持较为频繁的互动与交流,但是这种互动和交流在多大程度上是受访企业进行低碳技术创新而引起的,还需要后续的实证研究作为证明。而企业所占当地相关市场份额的大小是否也会受其开展低碳技术创新的影响也需要通过后续的实证检验来予以证明。

5.3.2 样本中企业的行为呈现

在日常经营和管理中是否采用低碳技术方面,有2.47%的受访企业在生产经营中完全采用了低碳技术,有22.22%的受访企业在生产经营中大范围采用了低碳技术,有34.57%的受访企业一定程度上采用了低碳技术,有33.33%的受访企业小范围采用了低碳技术,也有7.41%的受访企业不采用低碳技术。从统计结果来看,低碳技术在高采用率档次和低采用率档次的比率相当,说明低碳技术的普及在我国的食品加工行业中既取得了一定的成果,也存在有待加强的地方。经营管理中采用低碳技术的情况如表5-14所示。

表5-14　经营管理中采用低碳技术的情况

日常经营和管理中是否采用低碳技术	频数	比例/(%)
不采用	6	7.41
小范围采用	27	33.33
一般	28	34.57
大范围采用	18	22.22
完全采用	2	2.47

在日常经营和管理中是否采用智能节能技术方面,有2.47%的受访企业在日常经营和管理中完全采用智能节能技术,有20.99%的受访企业在日常经营和管理中大范围采用智能节能技术,有37.04%的受访企业在日常经营和管理中一定程度地采用智能节能技术,有30.86%的受访企业表示在日常经营和管理中小范围采用智能节能技术,此外仍有8.64%的受访企业在日常经营和管理中不采用智能节能技术。经营管理中采用智能节能技术的情况如表5-15所示。

表5-15　经营管理中采用智能节能技术的情况

日常经营和管理中是否采用智能节能技术	频数	比例/(%)
不采用	7	8.64
小范围采用	25	30.86
一般	30	37.04
大范围采用	17	20.99
完全采用	2	2.47

在日常经营和管理中是否采用可再生能源技术方面,有2.47%的受访企业在日常经营和管理中完全采用可再生能源技术,有14.81%的受访企业在日常经营和管理中大范围采用可再生能源技术,有39.51%的受访企业在日常经营和管理中一定程度地采用可再生能源技术,有33.33%的受访企业在日常经营和管理中小范围采用可再生能源技术,有9.88%的受访企业在日常经营和管理中没有采用可再生能源技术。经营管理中采用可再生能源技术的情况如表5-16所示。

表5-16 经营管理中采用可再生能源技术的情况

日常经营和管理中是否采用可再生能源技术	频数	比例/(%)
不采用	8	9.88
小范围采用	27	33.33
一般	32	39.51
大范围采用	12	14.81
完全采用	2	2.47

在日常经营和管理中是否采用二氧化碳捕获技术方面,有2.47%的受访企业在生产加工过程中完全采用二氧化碳捕获技术,有7.41%的受访企业在生产加工过程中大范围采用二氧化碳捕获技术,有20.99%的受访企业在生产加工过程中一定程度地采用二氧化碳捕获技术,有18.52%的受访企业表示其在生产加工过程中只小范围地采用了二氧化碳捕获技术。与此相对应,有高达50.62%比例的受访企业在生产加工中不会采用二氧化碳捕获技术,其中有的企业对该项技术还并不十分了解。可见,二氧化碳捕获技术作为较为先进的低碳技术的代表,受访企业中有超过半数的企业并没有对其进行有效的了解与运用。生产加工中采用二氧化碳捕获技术情况如表5-17所示。

表5-17 生产加工中采用二氧化碳捕获技术情况

生产加工中是否采用二氧化碳捕获技术	频数	比例/(%)
不采用	41	50.62
小范围采用	15	18.52
一般	17	20.99
大范围采用	6	7.41
完全采用	2	2.47

在与其他企业的合作中是否在意合作方是否采用低碳(节能减排)技术方面,有8.64%的受访企业表示会非常在意,有19.75%的受访企业表示比较在意,有41.98%的企业表示会一定程度地在意,有20.99%的受访企业表示并不太在意,有8.64%的受访企业表示不会在意。从统计上看,近七成的受访企业会在意合作方

是否采用低碳技术,说明大多数企业都比较重视低碳生产行为及其所带来的效益。与其他企业合作采用低碳(节能减排)技术意愿的情况如表5-18所示。

表5-18　与其他企业合作采用低碳(节能减排)技术意愿的情况

在与其他企业的合作中是否在意合作方是否采用低碳(节能减排)技术	频数	比例/(%)
非常不在意	7	8.64
比较不在意	17	20.99
一般	34	41.98
比较在意	16	19.75
非常在意	7	8.64

在企业对节能减排的重视情况方面,有20.99%的受访企业表示非常重视节能减排,有44.44%的受访企业表示比较重视节能减排,有29.63%的受访企业表示一般重视节能减排,而只有4.93%的受访企业表示比较不重视或者很不重视节能减排。总体而言,绝大多数受访企业对节能减排的态度是比较坚决的,对其重要性的认识也是充分而到位的。企业对节能减排的重视情况如表5-19所示。

表5-19　企业对节能减排的重视情况

企业对节能减排的重视情况	频数	比例/(%)
很不重视	1	1.23
比较不重视	3	3.70
一般	24	29.63
比较重视	36	44.44
非常重视	17	20.99

在企业的能耗记录情况方面,有14.81%的受访企业表示其能耗记录非常完备,有39.51%的受访企业表示其能耗记录比较完备,有34.57%的受访企业表示其能耗记录具有一定的完备程度,有3.70%的受访企业表示其能耗记录比较不完备,而有7.41%的受访企业表示其能耗记录很不完备。从统计结果可以看到,大部分受访企业对企业的能耗情况都能做到记录,体现了大多数企业对低碳生产中的该

项环节都能保持良好的执行度。企业的能耗记录情况如表5-20所示。

表5-20　企业的能耗记录情况

企业的能耗记录情况	频数	比例/(%)
很不完备	6	7.41
比较不完备	3	3.70
一般	28	34.57
比较完备	32	39.51
非常完备	12	14.81

在企业产品加贴低碳标签意愿情况方面,有29.63%的受访企业表示其非常愿意为产品加贴低碳标签,有38.27%的受访企业表示其比较愿意为产品加贴低碳标签,有28.40%的受访企业表示其在一定程度上愿意为产品加贴低碳标签,也有3.70%的受访企业表示其比较不愿意或者很不愿意为产品加贴低碳标签。从统计结果上看,绝大多数的受访企业愿意为产品加贴低碳标签,表明绝大多数受访企业愿意付出相应的成本,向市场传递其进行低碳生产的信号,以获得更好的声誉与收益。企业产品加贴低碳标签意愿情况如表5-21所示。

表5-21　企业产品加贴低碳标签意愿情况

是否愿意为产品加贴低碳标签	频数	比例/(%)
很不愿意	2	2.47
比较不愿意	1	1.23
一般	23	28.40
比较愿意	31	38.27
非常愿意	24	29.63

在是否支持建立低碳交易市场方面,有30.86%的受访企业表示非常支持低碳交易市场的建立,有34.57%的受访企业表示比较支持低碳交易市场的建立,有29.63%的受访企业表示一定程度地支持低碳交易市场的建立,也有4.94%的企业表示比较不支持或者很不支持低碳交易市场的建立。从统计结果来看,绝大多数

企业都希望能够形成秩序良好的低碳交易市场,从而以市场配置资源的方式来促进低碳生产方式的运用与推广。支持建立低碳交易市场意愿的情况如表5-22所示。

表5-22　支持建立低碳交易市场意愿的情况

是否支持建立低碳交易市场	频数	比例/(%)
很不支持	1	1.23
比较不支持	3	3.70
一般	24	29.63
比较支持	28	34.57
非常支持	25	30.86

在企业有无节能减排目标方面,有16.05%的受访企业表示其制定了明确的节能减排长期目标,有38.27%的受访企业表示其制定了明确的节能减排短期目标,有28.40%的受访企业表示其制定了较为模糊的节能减排短期目标,有12.35%的受访企业表示其制定了较为模糊的节能减排长期目标,也有4.94%的受访企业表示其没有制定任何节能减排目标。从统计结果来看,超过半数的受访企业的低碳生产目标是明确的,无论短期还是长期,明确的节能减排目标往往能够带来良好的低碳生产成果和效益。企业确定节能减排目标的情况如表5-23所示。

表5-23　企业确定节能减排目标的情况

企业有无节能减排目标	频数	比例/(%)
无目标	4	4.94
有较为模糊的长期目标	10	12.35
有较为模糊的短期目标	23	28.40
有明确的短期目标	31	38.27
有明确的长期目标	13	16.05

在企业主要的节能措施方面,有79.01%的受访企业选择了合理用电,有70.37%的受访企业选择了进行工艺改造,有50.62%的受访企业选择调整能源使用结构,有58.02%的受访企业选择了开展能效考核。从统计结果来看,合理用电和进行工艺改造是目前受访企业主要采取的节能措施,是它们实施低碳行为的主要表现。企业节能措施的情况如表5-24所示。

表5-24　企业节能措施的情况

企业主要的节能措施(多选)	频数	比例/(%)
合理用电	64	79.01
进行工艺改造	57	70.37
调整能源使用结构	41	50.62
开展能效考核	47	58.02

此外,在近三年包含相关低碳技术的新产品数方面,数量最多的企业为55件,数量最少的企业近三年来没有生产过包含低碳技术的新产品。样本企业中近三年包含相关低碳技术的新产品数的平均值为3.98件。在企业制定低碳化经营管理措施的数量方面,措施数量最多的企业有61项,最少的企业没有制定相关的低碳化经营管理措施。样本企业中制定低碳化经营管理措施的数量的平均值为7.03项。在选择参与低碳产品认证的产品数量方面,认证数量最多的受访企业为50件,最少的企业没有相关的低碳认证产品。样本企业中参与低碳产品认证的产品数量的平均值为4.05件。

5.3.3　样本中企业效益的表现

在企业效益方面,从利润的角度进行衡量,有6.17%的受访企业认为自身的效益非常好,有50.62%的受访企业认为自身的效益比较好,有37.04%的受访企业认为自身的效益一般,有6.17%的受访企业认为自身的效益比较差,没有受访企业认为自身的效益非常差。企业利润效益的情况如表5-25所示。

表5-25　企业利润效益的情况

企业利润效益	频数	比例/（％）
非常差	0	0
比较差	5	6.17
一般	30	37.04
比较好	41	50.62
非常好	5	6.17

在企业的竞争能力方面，有12.35％的受访企业表示其企业的竞争力非常强，有45.68％的受访企业表示其企业的竞争力比较强，有38.27％的受访企业表示其企业的竞争力一般，有3.70％的受访企业表示其企业的竞争力比较差，没有受访企业表示其企业的竞争力非常差。企业的竞争能力情况如表5-26所示。

表5-26　企业的竞争能力情况

企业的竞争能力	频数	比例/（％）
非常差	0	0
比较差	3	3.70
一般	31	38.27
比较强	37	45.68
非常强	10	12.35

在企业的经营管理能力方面，有14.81％的受访企业表示其企业的经营管理能力非常强，有54.32％的受访企业表示其企业的经营管理能力比较强，有27.16％的受访企业表示其企业的经营管理能力一般，有3.70％的受访企业表示其企业的经营管理能力比较差，没有受访企业表示其企业的经营管理能力非常差。企业的经营管理能力情况如表5-27所示。

表5-27　企业的经营管理能力情况

企业的经营管理能力	频数	比例/（%）
非常差	0	0
比较差	3	3.70
一般	22	27.16
比较强	44	54.32
非常强	12	14.81

在消费者对企业产品生态效益的评价方面，在受访企业中，消费者对企业产品生态效益的评价非常好的占12.35%，评价比较好的占48.15%，评价一般的占35.80%，评价比较差的占3.70%，评价非常差的占0%。消费者对企业产品生态效益的评价情况如表5-28所示。

表5-28　消费者对企业产品生态效益的评价情况

消费者对企业产品生态效益的评价	频数	比例/（%）
非常差	0	0
比较差	3	3.70
一般	29	35.80
比较好	39	48.15
非常好	10	12.35

5.4　信度效度检验与指标体系的建立

在中国知网进行高级检索时，设置了三个筛选条件：在主题栏输入"低碳指标体系"、时间范围限定为2010年1月1日至2017年12月31日、期刊来源选择北大核心/CSSCI/CSCD/EI。检索结果显示，北大核心期刊收录相关文献548篇，CSSCI收录361篇，CSCD收录105篇，EI收录15篇（详见图5-2）。参考王晓莉（2007）和张熠等（2017）的研究成果，本研究最终确定了40项衡量指标。

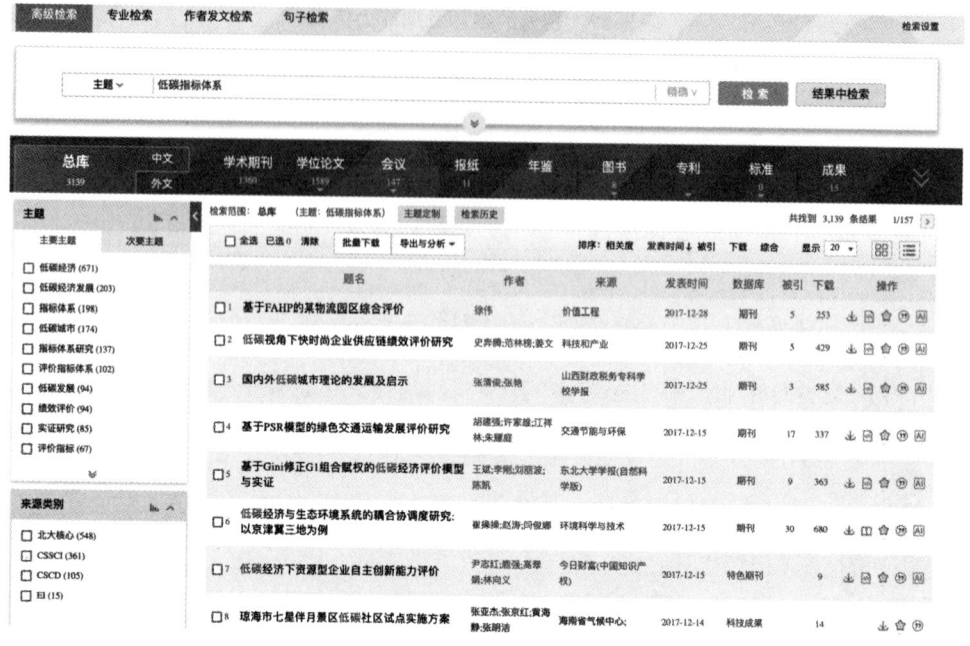

图5-2 知网"低碳指标体系"主题词搜索截图

5.4.1 信度效度检验

由于本研究的观测值为81,而问卷的衡量指标有40项,在实证分析中的自由度问题是我们必须关注的。为保证在有限的观测值下,各项回归分析能够得到较为充裕的自由度,本研究拟将所选择的衡量指标进行降维处理,即通过因子分析的方式,将具有同类特征的衡量指标进行归类,以减少衡量指标的个数,从而保证实证回归分析能够有效进行。表5-29呈现了因子分析(Factor Analysis,FA)、探索性因子分析(Exploratory Factor Analysis, EFA)和检验性因子分析(Confirmatory Factor Analysis, CFA)的结果。本研究选取因子载荷值大于0.5,且通过 Cronbach's α、Composite Reliability(CR)和 Average Variance Extracted(AVE)检验的变量进行分析,分析步骤如下。

表 5-29　变量分类及其结果

变量类别	命名	观测项	均值	标准差
低碳技术创新能力(I)	I_1	低碳技术研究与试验发展经费占总研究与试验发展经费的比例	18.069	22.260
	I_2	从事低碳技术研发与应用的科技人员占总技术人员的比例	10.225	16.216
	I_3	引进低碳技术的花费在同类企业中的比较	2.951	1.083
	I_4	节能减排投入占销售收入比重	10.500	13.723
	I_5	节能减排资金是否用于新技术开发	3.086	1.063
	I_6	节能减排资金是否用于招募和培养科技人员	2.938	1.017
	I_7	节能减排资金是否用于加强企业管理	3.259	1.070
	I_8	节能减排资金是否用于优化生产工艺	3.358	0.926
	I_9	节能减排资金是否用于改造旧设备	3.580	0.934
	I_{10}	节能减排资金是否用于购买新设备	3.346	0.951
	I_{11}	低碳技术专利授权数	3.074	9.154
	I_{12A}	企业自主研发低碳工艺数	3.148	10.349
	I_{12B}	企业自主研发低碳设备数	10.500	13.723
	I_{12C}	企业自主研发低碳产品数	5.111	16.040
产业结构变化(S)	S_1	是否与上游企业存在紧密的合作关系	3.951	0.850
	S_2	是否与下游企业存在紧密的合作关系	3.877	0.886
	S_3	是否与同类型企业存在紧密的合作关系	3.407	0.932
	S_4	企业在市场中所占的份额大小	13.857	17.736
企业行为(C)	C_1	日常经营和管理中是否采用低碳技术	2.790	0.958
	C_2	日常经营和管理中是否采用智能节能技术	2.778	0.962
	C_3	日常经营和管理中是否采用可再生能源技术	2.667	0.935
	C_4	生产加工中是否采用二氧化碳捕获技术	1.926	1.116
	C_5	近三年包含相关低碳技术的新产品数	3.975	9.021

续表

变量类别	命名	观测项	均值	标准差
企业行为(C)	C_6	在与其他企业的合作中是否在意合作方是否采用低碳(节能减排)技术	2.988	1.055
	C_7	企业是否制定了低碳化经营的管理措施	7.025	10.716
	C_8	企业对节能减排的重视情况	3.802	0.858
	C_9	企业的能耗记录情况	3.506	1.038
	C_{10}	是否选择参与低碳产品认证	4.049	8.638
	C_{11}	企业产品加贴低碳标签意愿情况	3.914	0.925
	C_{12}	是否支持建立低碳交易市场	3.901	0.930
	C_{13}	企业有无节能减排目标	3.481	1.062
	C_{14}	企业主要的节能措施为合理用电	0.790	0.410
	C_{15}	企业主要的节能减排措施为进行工艺改造	0.704	0.459
	C_{16}	企业主要的节能减排措施为调整能源使用结构	0.506	0.503
	C_{17}	企业主要的节能减排措施为开展能效考核	0.580	0.497
绩效(P)	P_1	企业利润效益	3.568	0.706
	P_2	企业的竞争能力	3.667	0.742
	P_3	企业的经营管理能力	3.802	0.732
	P_4	消费者对企业产品生态效益的评价	3.691	0.736
	P_5	执行节能减排后能耗的下降比例	3.568	0.706

首先,对前文所描述和探讨的观测项进行归类与命名。其次,对表5-29中的观测项进行因子分析,得到如表5-30所示的旋转成分矩阵结果。其中,所有的观测变量被归类为10组变量,我们依据每一组的变量特征,对归因出的10个因子进行了命名。从10个因子来看,可以更具体地分为低碳技术创新组(F_3、F_4、F_7、F_8),产业结构组(F_6),企业行为组(F_1、F_5、F_9、F_{10}),以及企业绩效组(F_2)。从旋转成分矩阵的结果可知C_6、C_1、C_9、I_9、I_{10}、C_{16}由于归因时的贡献度较低,因此被视为信度较低,从而在后续的EFA与CFA中将不会包括这些变量。我们通过SPSS将10组变量的因子分析得分以回归的形式保存为变量,供本研究实证分析部分作为自变量来使用。

表 5-30 因子分析结果（旋转成分矩阵）

观测变量（组）	F_1 采用节能技术	F_2 企业效益	F_3 低碳技术自主研发能力	F_4 低碳技术研发资金投入力度	F_5 制定低碳化经营管理措施	F_6 企业间合作的紧密程度	F_7 低碳工艺改进力度	F_8 低碳生产人员投入力度	F_9 对低碳生产的重视程度	F_{10} 企业制定能耗目标的水平
C_2	0.795									
C_3	0.730									
C_4	0.606									
C_{13}	0.583									
C_6										
C_1										
P_3		0.833								
P_1		0.826								
P_2		0.713								
P_4		0.645								
I_{12B}			0.863							
I_{12A}			0.811							
I_{11}			0.640							
I_{12C}			0.515							
I_1				0.849						
I_2				0.674						
I_4				0.652						
C_5					0.867					
C_{10}					0.701					
C_7					0.608					
S_1						0.864				

续表

观测变量（组）	F_1 采用节能技术	F_2 企业效益	F_3 低碳技术自主研发能力	F_4 低碳技术研发资金投入力度	F_5 制定低碳化经营管理措施	F_6 企业间合作的紧密程度	F_7 低碳工艺改进力度	F_8 低碳生产人员投入力度	F_9 对低碳生产的重视程度	F_{10} 企业制定能耗目标的水平
S_2						0.862				
S_3						0.586				
C_9										
I_7							0.820			
I_8							0.667			
I_9										
I_{10}										
I_5								0.767		
I_3								0.713		
I_6								0.709		
C_{11}									0.821	
C_{12}									0.697	
C_8									0.533	
C_{17}										0.774
C_{14}										0.642
C_{15}										0.545
C_{16}										
解释方差	26.581%	9.853%	6.858%	5.692%	4.788%	4.061%	3.685%	3.471%	3.411%	2.927%

其次,对从因子分析中所筛选出的变量,通过结构方程模型进行Cronbach's α、CR和AVE检验,结果如表5-31所示。从结果中我们看到,因子F_{10}的AVE值小于0.5,没有通过信度检验。而代表低碳技术创新以及企业行为的潜变量I与C在

分别剔除因子 F_3 与 F_{10} 后，达到了理想的信度检验结果。其余的因子都获得了理想信度检验结果（CR>0.7，AVE>0.5，Cronbach's α>0.7）。

表 5-31　信度效度检验

观测变量（组）		调整前				调整后			
		标准化因子载荷	CR	AVE	Cronbach's α	标准化因子载荷	CR	AVE	Cronbach's α
F_1	C_2	0.759	0.8183	0.5321	0.813				
	C_3	0.824							
	C_4	0.626							
	C_{13}	0.694							
F_2 (P)	P_1	0.730	0.8654	0.6170	0.865				
	P_2	0.807							
	P_3	0.819							
	P_4	0.783							
F_3	I_{12B}	0.989	0.8060	0.5379	0.797				
	I_{12A}	0.819							
	I_{12C}	0.342							
	I_{11}	0.621							
F_4	I_1	0.822	0.8569	0.6665	0.857				
	I_2	0.783							
	I_4	0.843							
F_5	C_5	0.863	0.8669	0.6851	0.864				
	C_{10}	0.837							
	C_7	0.781							
F_6 (S)	S_1	0.806	0.8496	0.6534	0.785				
	S_2	0.904							
	S_3	0.539							
F_7	I_7	0.716	0.7585	0.6112	0.729				
	I_8	0.802							

续表

观测变量（组）		调整前				调整后			
		标准化因子载荷	CR	AVE	Cronbach's α	标准化因子载荷	CR	AVE	Cronbach's α
F_8	I_5	0.785	0.7659	0.5264	0.760				
	I_3	0.578							
	I_6	0.793							
F_9	C_{11}	0.666	0.7663	0.523	0.772				
	C_{12}	0.733							
	C_8	0.767							
F_{10}	C_{17}	1.895	0.4662	0.3489	0.557				
	C_{14}	0.154							
	C_{15}	0.152							
I	F_3	0.395	0.732	0.4198					
	F_4	0.595				0.463	0.7675	0.5387	
	F_7	0.734				0.818			
	F_8	0.794				0.856			
C	F_1	0.742	0.6953	0.4064		0.732	0.7516	0.5087	
	F_5	0.547				0.552			
	F_9	0.863				0.828			
	F_{10}	0.176							

5.4.2　指标体系的建立

综上所述,在进行因子分析和信度效度检验之后,本研究的实证部分将选取的变量组别以及与之相对应的因子如表5-32所示。其中,低碳技术创新由代表低碳技术创新中的资金投入强度、工艺改进力度和人员投入力度来衡量;产业结构由企业间合作的紧密程度来衡量;企业行为由企业在生产中是否采用相关低碳技术、在管理中是否制定相关低碳措施、在态度上是否重视低碳化的工作来衡量。同时,被信度效度检验剔除掉的变量有C_6、C_1、C_9、I_9、I_{10}、C_{16}、因子F_3(I_{12B}、I_{12A}、I_{12C}、I_{11})、因子F_{10}(C_{17}、C_{14}、C_{15})。对这些变量的描述,让我们了解了数据样本的基本情况,但是由于信度效度不佳的问题,它们最终不会进入本研究的实证分析过程。变量组别及与之相对应的解释因子如表5-32所示。

表5-32 变量组别及与之相对应的解释因子

变量分组	解释因子
低碳技术创新	F_4:低碳技术创新中的资金投入强度 F_7:低碳技术创新中的工艺改进力度 F_8:低碳技术创新中的人员投入力度
产业结构	F_6:企业间合作的紧密程度
企业行为	F_1:企业是否采用低碳节能技术 F_5:企业是否制定低碳化的管理措施 F_9:企业对低碳生产的重视程度

本章小结

本章基于理论框架部分建立的SCP分析框架下低碳技术创新影响低碳食品产业发展的机制路径,对调研数据进行了统计层面的初步判断与观察,数据的统计分析结果如下。首先,本研究所选用的调查数据的结果基本符合现实中食品产业中企业的基本情况和运行规律,具有较好的代表性。其次,大部分受调查企业都在人才和资金方面对低碳生产进行了投入,并且这种投入所产生的效益也被大多数企业认可。再次,在业态结构或产业结构方面,大部分受调查企业倾向于采用与上下游企业合作的方式开展生产经营,保持着产业结构的纵向集中。总之,从对数据的初步判断和观察来看,食品企业确实能在低碳技术创新的条件下实现产业结构的优化与自身绩效的提升。这样的分析结果,符合第4章中提出的SCP分析框架下低碳技术创新影响低碳食品产业发展的机制路径的理论逻辑,使得本研究的理论假设,以及为回答两个关键问题所构建的理论逻辑,在描述性统计层面也得到了数据的支持。

在本研究接下来的部分,我们将通过计量经济学的方法,实证检验低碳技术创新对食品企业绩效的影响及其中的机制,系统地对"低碳技术创新是否能够给企业带来绩效",以及"低碳技术创新通过何种机制为企业带来绩效"两个关键问题进行回答。

第6章　低碳技术创新对低碳食品产业企业效益的影响

本章将基于之前章节对本研究所提出的理论框架的证明,对"低碳技术创新是否能够给企业带来绩效"进行系统的回答。

低碳技术创新对食品产业的影响,最重要的体现是其对产业中的企业带来的影响。传统观点认为,企业进行低碳技术创新,并采取低碳生产技术,进而生产出低碳产品的过程,是要耗费比生产非低碳产品更高的成本的。因此,企业是否会开展低碳技术创新,取决于进行技术创新投入降低能耗后是否能够提高其最终获得的效益。

基于第3章图3-3的理论框架,以及低碳技术创新对食品产业发展系统的冲击是其影响低碳食品产业发展系统的本质表现的理论建构逻辑,本章将通过计量经济学的方法进行检验:其一,低碳技术创新的执行程度,即企业在进行低碳技术创新方面的投入后,是否能够真正实现能耗的下降;其二,企业通过低碳技术创新实现的能耗下降,是否能够为企业带来绩效方面的提升。本章所开展的计量经济学模型的估计均采用计量经济学软件 Stata 13.0 完成。

6.1　研究的变量选择

6.1.1　因变量选择

在因变量的选择上,本研究从两个维度进行考量:首先,针对低碳技术能否助力企业实现能耗降低的问题,选取节能减排后能耗下降比例作为因变量;其次,为探究能耗下降能否提升企业效益,选取企业的利润效益、企业的竞争能力、企业的经营管理能力,以及消费者对企业产品生态效益的评价四个指标构建综合效益评价体系。

6.1.2　自变量选择

在自变量的选择上,本研究选择低碳技术创新中的资金投入强度、低碳技术创新中的工艺改进力度,以及低碳技术创新中的人员投入力度,来表示企业开展低碳技术创新的情况;选择企业间合作的紧密程度,来表示产业结构的变化情况;选择企业是否采用低碳节能技术、企业是否制定低碳化的管理措施,以及企业对低碳生产的重视程度,来表示企业的低碳生产行为;选择企业员工人数的对数来表示企业规模,选择企业开展经营的时间作为企业在发展程度上的控制变量。变量的选择情况如表6-1所示。

表6-1　变量的选择情况

变量类别	变量名称	代号	赋值说明	均值	标准差
因变量	执行节能减排后能耗下降的比例	P_5	连续变量	12.688	13.715
	企业的利润效益	P_1	1＝非常差;2＝比较差;3＝一般;4＝比较好;5＝非常好	3.568	0.706
	企业的竞争能力	P_2	1＝非常差;2＝比较差;3＝一般;4＝比较好;5＝非常好	3.667	0.742
	企业的经营管理能力	P_3	1＝非常差;2＝比较差;3＝一般;4＝比较好;5＝非常好	3.802	0.732
	消费者对企业产品生态效益的评价	P_4	1＝非常差;2＝比较差;3＝一般;4＝比较好;5＝非常好	3.691	0.736

续表

变量类别	变量名称	代号	赋值说明	均值	标准差
企业低碳技术创新情况（I）	低碳技术创新中的资金投入强度	F_4	连续变量	−1.19E—07	1
	低碳技术创新中的工艺改进力度	F_7	连续变量	−3.72E—07	1
	低碳技术创新中的人员投入力度	F_8	连续变量	2.53E—07	1
产业结构变化（S）	企业间合作的紧密程度	F_6	连续变量	1.28E—07	1
企业行为（C）	企业是否采用低碳节能技术	F_1	连续变量	4.94E—07	1
	企业是否制定低碳化的管理措施	F_5	连续变量	1.30E—07	1
	企业对低碳生产的重视情况	F_9	连续变量	3.68E—07	1
控制变量	企业员工人数的对数	lnscale	ln(企业员工总数)，连续变量	5.816	1.807
	企业开展经营的时间	year	连续变量	11.716	8.606

6.2　计量模型的构建

本章将采用普通最小二乘法(Ordinary Least Squares，OLS)来探讨低碳技术是否能够帮助企业实现能耗降低的问题;采用多元回归模型来探讨能耗的下降是否能够带来企业效益的提高的问题,并通过联立方程模型对上述两个结果进行稳健性检验。

6.2.1　多元回归模型

在探讨能耗的下降是否能够带来企业效益的提高的问题时,本章所构建的回归是四个不同的因变量对应着一组相同的因变量的回归,这样的计量模型结构需要使用似无相关回归(Seemingly Unrelated Regression,SUR)中的多元回归模型(Multivariate Regression Model,MRM)来进行处理。

似无相关回归模型能够合理考虑指标之间的相互作用和关联关系。从经典解释来看,"似无相关"意味着表面上各方程看似互不相关,但每个回归方程都包含由不可观测变量构成的扰动项,这些扰动项之间存在同期相关性,从而将各回归方程联系起来。因此,似无相关回归通过利用扰动项之间的方差结构和协方差结构,有效提高估计精度。通常,这类问题的估计方法采用广义最小二乘法(Generalized Least Square,GLS)。

在似无相关回归模型中,多元回归模型是似无相关回归模型的一个特例。存在多个方程的似无相关回归的数理模型形式如下:

$$\boldsymbol{Y}_i = \begin{pmatrix} y_1 \\ y_2 \\ \vdots \\ y_i \end{pmatrix} = \begin{pmatrix} x_1 & & & 0 \\ & x_2 & & \\ & & \ddots & \\ 0 & & & x_i \end{pmatrix} \begin{pmatrix} \beta_1 \\ \beta_2 \\ \vdots \\ \beta_i \end{pmatrix} + \begin{pmatrix} \varepsilon_1 \\ \varepsilon_2 \\ \vdots \\ \varepsilon_i \end{pmatrix} = \boldsymbol{X}_i\boldsymbol{\beta}_i + \boldsymbol{\varepsilon}_i \tag{6-1}$$

在上述模型中,y_i、x_i和β_i是第i个方程的被解释变量、解释变量和回归系数,ε_i是第i个方程的扰动项。$\boldsymbol{Y}_i$是$T \times 1$向量,$\boldsymbol{X}_i$是$T \times K_i$矩阵,$\boldsymbol{\beta}_i$是$K_i \times 1$向量,$\boldsymbol{\varepsilon}_i$是$T \times 1$向量;$T$是每个方程的观测量个数,$K_i$是第$i$个方程的解释变量个数。假设第$i$个方程本身的误差项没有异质性或自相关性,即$\mathrm{Var}(\boldsymbol{\varepsilon}_i) = \sigma_{ij}\boldsymbol{I}_T$,同时,不同方程间的扰动项存在同期相关性,即

$$E(\varepsilon_{it}\varepsilon_{js}) = \begin{cases} \sigma_{ij} & \text{如果} t = s \\ 0 & \text{如果} t \neq s \end{cases} \tag{6-2}$$

此时,用普通最小二乘法可以得到$\hat{\beta} = (XX')^{-1}X'Y$并非最优选择,因为如果扰动项$\boldsymbol{\varepsilon}$的协方差矩阵$\boldsymbol{\Omega}$已知,GLS比OLS更为有效:

$$\hat{\beta}_{\mathrm{GLS}} = (X'\boldsymbol{\Omega}^{-1}X)^{-1}X'\boldsymbol{\Omega}^{-1}Y = \left[X'(\boldsymbol{\Sigma}^{-1} \otimes I_T)X\right]X'(\boldsymbol{\Sigma}^{-1} \otimes I_T)Y \tag{6-3}$$

然而,$\boldsymbol{\Omega}$一般未知,所以需要先估计得到$\hat{\boldsymbol{\Omega}}$,再进行广义最小二乘估计。

由此,根据似无相关回归的特点和估计方式,本研究在本章建立如下计量模型来探讨能耗的下降是否能够带来企业效益的提高的问题:

$$\begin{cases} P_1 = P_5\theta_1 + F_4x_1 + F_7x_2 + F_8x_3 + F_6x_4 + F_1x_5 + F_5x_6 + F_9x_7 + \ln scale\,x_8 + year\,x_9 + \varepsilon \\ P_2 = P_5\theta_1 + F_4x_1 + F_7x_2 + F_8x_3 + F_6x_4 + F_1x_5 + F_5x_6 + F_9x_7 + \ln scale\,x_8 + year\,x_9 + \varphi \\ P_3 = P_5\theta_1 + F_4x_1 + F_7x_2 + F_8x_3 + F_6x_4 + F_1x_5 + F_5x_6 + F_9x_7 + \ln scale\,x_8 + year\,x_9 + \mu \\ P_4 = P_5\theta_1 + F_4x_1 + F_7x_2 + F_8x_3 + F_6x_4 + F_1x_5 + F_5x_6 + F_9x_7 + \ln scale\,x_8 + year\,x_9 + v \end{cases}$$

$$(6\text{-}4)$$

我们在处理似无相关回归的估计过程时,当解释变量在上述方程中相同时,利用似无相关回归所得到的最终结果等于利用普通最小二乘法回归的最终结果。同理可知,利用多元线性回归模型和利用普通最小二乘法的估计系数和标准误也是一样的,但多元线性回归模型考虑了扰动项之间的相关性,有扰动项之间的相关系数,并且有对其之间的显著性做联合检验。根据本研究所要探讨的内容,我们将采用多元线性回归模型对所建立的计量模型进行估计。

6.2.2　联立方程模型

可以看到,在研究企业低碳技术创新投入能否真正降低能耗的同时,企业能耗的变化也会影响着企业效益。因此,研究此类相互嵌套的关系,应该选用联立方程模型来克服一个方程的因变量又是另一个方程的自变量所产生的联立性偏误问题。为克服联立性偏误,参考陈强编著的《高级计量经济学及Stata应用》,本章建立了如下联立方程模型,并运用三阶最小二乘法对其进行估计:

$$\begin{cases} 企业效益 = \alpha_0 + \alpha_1 P_5 + \alpha_2 控制变量 + v \\ P_5 = \gamma_0 + \gamma_1 控制变量 + \varepsilon \end{cases} \tag{6-5}$$

在具体计算中,企业的效益由 P_1、P_2、P_3、P_4 四个变量共同衡量,因此需要对所有代表企业效益的变量进行计算,最终得到四组联立方程模型的估计结果。

6.3　估计结果分析

6.3.1　低碳技术创新促进食品企业生产能耗降低

表6-2显示了企业开展低碳技术创新对企业生产能耗的影响。本研究采用逐步回归的信息披露方式来对估计结果进行观察。具体而言,我们在控制企业规模、企业经营时间和企业所在地区差异的基础上,依次加入企业低碳技术创新情况、产业结构变化以及企业行为三组变量,以此观察影响的变化情况,同时也能够为结果带来较为稳健的结论。

表6-2　企业开展低碳技术创新对企业生产能耗的影响

		因变量:企业能耗下降比例		
		(1)	(2)	(3)
企业低碳技术创新情况(I)	低碳技术创新中的资金投入强度	3.393***	3.395***	3.462***
	低碳技术创新中的工艺改进力度	1.194	1.198	1.129
	低碳技术创新中的人员投入力度	1.265	1.258	1.340
产业结构变化(S)	企业间合作的紧密程度		0.856	0.829
企业行为(C)	企业是否采用低碳节能技术			3.257
	企业是否制定低碳化的管理措施			1.918
	企业对低碳生产的重视情况			5.612***
控制变量	控制地区差别	Fixed	Fixed	Fixed
	ln企业规模	−0.997	−1.015	−1.155
	企业经营时间	0.046	0.057	0.025
常数项	常数项	17.949***	17.923***	19.115***
模型检验	观测值	81	81	81
	R^2	0.0800	0.0839	0.3264
	P值	0.0373	0.0679	0.0008

注:***表示1%的统计水平上显著。

　　从估计结果中我们可以看到,第一,企业低碳技术创新情况能够显著降低企业的能耗。估计结果显示,在三个方程中,企业在低碳技术创新中的资金投入强度对因变量都存在显著正向影响,表明资金投入越大,能耗降幅越大。而且当我们逐步控制产业结构的变化和企业行为的时候,企业低碳技术创新的资金投入强度对企业能耗下降的显著正向影响会随之加强。在对相关企业进行调研和访谈的过程中我们发现,企业之所以会投入成本进行低碳技术创新,更多的是因为考虑到这种投入能够使其在产业中的地位提升,以及优化其生产和经营行为,只有在能够产生这样的改变(回报)的情况下,企业才会去积极地在低碳技术创新中加大资金、工艺和人员方面的投入。表6-2中,低碳技术创新中的资金投入强度的系数随着控制变量的增大而变大,很好地回应和印证了我们在调查访谈中所总结的以上情形。这也充分说明,开展低碳技术创新并不是企业制定的一种简单的策略,而是综合考虑成本收益后的理性结果。换句话说,企业主动进行低碳技术创新,并不是纯粹的不计成本的社会公益活动,我们可以看到,企业的低碳技术创新在给生态环境带来改善的同时,也能提高企业自身的经济地位和经营管理水平,是一种双赢的举措。

　　第二,低碳技术创新中的工艺改进力度和人员投入力度也对企业能耗下降比例存在促进作用。从估计结果可知,低碳技术创新中的工艺改进力度和人员投入力度的估计系数都对因变量企业能耗下降比例存在正向影响,但是影响不显著,这说明通过工艺改进和人员投入来实现低碳技术创新对企业能耗的下降还是存在贡献作用的,只是在本研究的样本中其贡献在统计上还未呈现显著状态。

　　第三,企业间合作的紧密程度会促进企业能耗的下降。估计结果显示,企业间合作的紧密程度的系数为正,说明企业间的合作越紧密,则其控制能耗、促进能耗下降的动机就越大,只是这种影响在本研究的样本中还未通过统计上的显著性检验。然而,从正向作用可以看出,企业在合作过程中确实会关注合作方对低碳的重视程度。我们在调查访谈中发现,许多企业将合作方是否重视低碳生产、是否采取降能耗措施作为评估其合作责任感的重要标准。正是这种来自同行的重要评价,为企业采用低碳生产方式和推动低碳技术创新提供了动力。

　　第四,企业对于低碳生产的重视程度能够显著降低企业的能耗水平。从估计结果中我们看到,在企业行为组中,企业对低碳生产的重视程度对企业能耗下降比例存在显著的正向影响,表明越重视低碳生产的企业越能实现能耗的下降。在对企业的访谈调查中,我们了解到,企业对"低碳"这个概念的理解和态度是决定其是否愿意开展低碳技术创新、采用低碳生产技术的关键因素之一。对此比较重视的企业,总能够克服困难,实现产品生态内涵的增值,而不太重视该方面的企业,也一直以成本太高为借口。因此从总体看,在控制企业规模和经营时间的情况下,所有企业或多或少都具有开展低碳生产的能力,而最后是否能够真正地在此方面得到落实,很大程度上取决于企业对"低碳"的认知和态度。此外,企业采用节能技术和低碳化管理方式也对能耗下降有促进作用,但这一影响在本研究样本中尚未达到统计显著性。

综上所述,表6-2的回归结果表明,企业开展低碳技术创新能够实现企业生产能耗的下降。特别是企业在低碳技术创新中的资金投入强度越大,能耗下降比例就越高,这进一步证明低碳技术创新能够为企业带来良好的实际生产效益。

6.3.2 低碳技术创新降低能耗促进食品企业效益提升

在验证了企业开展低碳技术创新能够给企业带来降低能耗的效果后,进一步应该思考的问题是企业能耗的降低是否能够转化为企业的效益。第4章的实证结果对这一问题给出了具体回答。通过SUR回归方法,在控制企业低碳技术创新、产业的结构变化、企业低碳行为,以及企业规模、经营时间和地域差异等因素后,我们能从计量结果中得到如下结论。

第一,企业能耗的下降能够给企业带来更多的利润。估计结果显示,企业能耗的降低对企业因利润而带来的效益有显著的正向影响,表明企业能耗下降比例越大,则其利润效益越高,能耗降低给企业带来了更好的经营成果。在调查和访谈中我们了解到,能耗降低反映的是一个企业在生产技术和管理方法上的本质性改进。一方面,在低能耗的企业,无论是工艺流程还是管理方式都是更为先进、更节省成本的,因此,能耗下降反而为其节省了不必要的支出。另一方面,在低能耗的企业,其产品的"低碳""生态"内涵更迎合当今消费者的需求,许多消费者愿意支付更高价格,有时这种支付大大高于其为了实现低碳化的目标所付出的成本,由此带来了企业利润效益的提升。

第二,企业生产能耗下降能够给企业带来经营管理能力的提升。从估计结果中可知,企业能耗的下降比例对企业经营管理能力具有显著的正向影响,说明能耗比例下降得越多,企业管理能力改善越明显。从调查访谈中我们了解到,要实现企业生产能耗的下降,除了要改进生产工艺之外,还要进行管理方式上的调整。有些管理水平较高的企业的负责人明确指出,降低能耗不仅是机器的责任,也是人的责任,因为人的行为在生产中若没有进行科学化的改进,则依然会在生产中出现很大的损耗。而企业如何去改变原有的高能耗的管理方式,我们的企业访谈记录表明,通过设定明确的降耗目标,可以有效推动企业管理方式向科学化、低碳化方向转变。

第三,企业生产能耗的下降会促进企业竞争能力和消费者生态效益积极评价的形成。估计结果显示,企业生产能耗的下降比例与企业竞争力和消费者对企业产品生态效益的评价有正向的影响,虽然这种影响没有通过统计上的显著性检验,但是正向影响依然表明企业生产能耗的下降能够促进企业竞争能力和消费者在生态效益方面的积极评价的形成。在调查访谈中我们发现,企业的竞争力和消费者对企业产品的生态效益评价会受到许多其他因素的影响,因此能耗下降可能只是其中的影响之一,从而在估计中没有表现出统计上的显著性。然而,不可否认的是,生产能耗的降低确实能够为企业竞争力与消费者评价带来促进作用,这在一定程度上验证了能耗下降对企业效益存在促进作用。

第四,控制变量对因变量影响的讨论。其一,企业间合作的紧密程度对企业利润的提高有显著的促进作用。根据产业经济学的基本理论,企业间开展紧密的合作能够产生显著的规模效应,使企业能够以更低的成本产出更多的产品,从而实现利润的提升。本研究的计量结果在一定程度上印证了这一理论。其二,企业是否制定低碳化的管理措施对企业竞争力的提升有显著正向影响。从企业管理的基本理论可知,现代企业管理是现代企业竞争力的核心来源,在产品可复制、渠道可复制、原料可复制、创意可复制的背景下,企业管理水平的不可复制性自然成为许多企业核心竞争力的来源。低碳化的管理措施正是这样一种能够带来竞争优势的管理方法。其三,低碳技术创新中的工艺改进力度、低碳技术创新中的人员投入力度,以及企业是否采用低碳节能技术,都对消费者关于产品生态效益的评价产生显著正向影响。虽然企业生产能耗下降比例未对消费者生态评价产生显著影响,但低碳技术创新能直接影响消费者评价。这一结果表明,若通过能耗下降来间接评估低碳技术创新对企业效益的影响,可能存在联立性偏误,必须采用联立方程模型进行统一估计,而非分步分析。

综上所述,企业生产能耗下降对企业效益具有正向影响,表明低碳技术创新能显著提升企业效益,尤其在利润增长和经营管理能力提升方面表现突出。同时,低碳技术创新对企业竞争力和消费者生态评价也具有促进作用。但从估计方法来看,SUR分析显示,将这一影响过程分为两个独立估计步骤可能导致联立性偏误。因此,在确定结果可信的基础上,我们应该进一步采取联立方程模型来进行系统估计:一方面,联立方程模型能够消除联立性偏误的影响,让我们得到更具一致性的回归结果;另一方面,将联立方程模型的结果与SUR和OLS的回归结果进行对比,可以检验本章实证结果的稳健性。似无相关回归估计结果如表6-3所示。

表6-3　似无相关回归估计结果

变量类别	变量名称	方程(1) 企业的利润效益 P_1	方程(2) 企业的竞争力 P_2	方程(3) 企业经营管理能力 P_3	方程(4) 消费者对企业产品生态效益评价 P_4
核心自变量	企业生产能耗下降比例	0.017**	0.010	0.015**	0.009
企业低碳技术创新情况(I)	低碳技术创新中的资金投入强度	−0.075	0.111	0.023	0.066
	低碳技术创新中的工艺改进力度	0.016	0.087	0.001	0.143*
	低碳技术创新中的人员投入力度	0.034	0.099	0.058	0.184**
产业结构变化(S)	企业间合作的紧密程度	0.128*	0.007	0.022	−0.024

续表

变量类别	变量名称	方程(1) 企业的利润效益 P_1	方程(2) 企业的竞争力 P_2	方程(3) 企业经营管理能力 P_3	方程(4) 消费者对企业产品生态效益评价 P_4
企业行为(C)	企业是否采用低碳节能技术	−0.015	0.080	0.020	0.238***
	企业是否制定低碳化管理措施	−0.062	0.151**	0.104	0.076
	企业对低碳生产的重视情况	−0.122	−0.004	−0.055	−0.080
控制变量	ln企业规模	0.124	0.101**	0.105**	0.009
	企业经营时间	−0.002	−0.012	−0.018*	0.066
	控制地区差别	Fixed	Fixed	Fixed	Fixed
常数项	常数项	2.661***	3.098***	3.211***	3.514***
模型检验	RMSE	0.672	0.683	0.695	0.648
	R²	0.207	0.258	0.210	0.320
	P值	0.071	0.015	0.066	0.002
	样本总数	81	81	81	81

注:*、**、***分别表示在10%、5%和1%的统计水平上显著。

6.3.3　联立方程模型分析的结果估计

从对SUR的分析中,我们虽然基本上确认了低碳技术创新能够为企业带来更好的效益,但是其中的估计会受到联立性偏误的影响,因此,我们将采用联立方程模型的方法对企业低碳技术创新是否能为企业带来效益的问题进行系统估计。估计结果如表6-4至表6-7所示。

表6-4　联立方程模型估计结果1

变量类别	变量名称	方程(1)	方程(2)
		企业的效益	企业能耗下降比例
核心自变量	企业能耗下降比例	0.272***	
企业低碳技术创新情况(I)	低碳技术创新中的资金投入强度	−0.806**	2.879***
	低碳技术创新中的工艺改进力度	−0.386	1.570
	低碳技术创新中的人员投入力度	−0.181	0.845
产业结构变化(S)	企业间合作的紧密程度	−0.068	0.779
企业行为(C)	企业是否采用低碳节能技术	−0.688**	2.646**
	企业是否制定低碳化的管理措施	−0.514	1.774
	企业对低碳生产的重视情况	−1.626***	5.881***
控制变量	ln企业规模		0.431
	企业经营时间	0.001	
	控制地区差别		Fixed
常数项	常数项		10.574***
模型检验	RMSE	3.002	11.484
	R²	0.319	0.290
	P值	0.000	0.000
	样本总数	81	81

注：*、**、***分别表示在10%、5%和1%的统计水平上显著。

表6-5　联立方程模型估计结果2

变量类别	变量名称	方程(1)	方程(2)
		企业的竞争能力	企业能耗下降比例
核心自变量	企业能耗下降比例	0.289***	
企业低碳技术创新情况(I)	低碳技术创新中的资金投入强度	−0.703**	2.918**
	低碳技术创新中的工艺改进力度	−0.344	1.539
	低碳技术创新中的人员投入力度	−0.147	0.879

续表

变量类别	变量名称	方程(1) 企业的竞争能力	方程(2) 企业能耗下降比例
产业结构变化(S)	企业间合作的紧密程度	−0.209	0.781
企业行为(C)	企业是否采用低碳节能技术	−0.669*	2.687**
	企业是否制定低碳化的管理措施	−0.347	1.784
	企业对低碳生产的重视情况	−1.644***	5.863***
控制变量	ln企业规模		0.326
	企业经营时间	−0.016	
	控制地区差别		Fixed
常数项	常数项	.	11.155***
模型检验	RMSE	3.265	11.446
	R²	0.238	0.295
	P值	0.000	0.000
	样本总数	81	81

注:*、**、***分别表示在10%、5%和1%的统计水平上显著。

表6-6 联立方程模型估计结果3

变量类别	变量名称	方程(1) 企业经营管理能力	方程(2) 企业能耗下降比例
核心自变量	企业能耗下降比例	0.306***	
企业低碳技术创新情况(I)	低碳技术创新中的资金投入强度	−0.821**	2.916**
	低碳技术创新中的工艺改进力度	−0.446	1.541
	低碳技术创新中的人员投入力度	−0.197	0.877
产业结构变化(S)	企业间合作的紧密程度	−0.202	0.781
企业行为(C)	企业是否采用低碳节能技术	−0.758**	2.685**
	企业是否制定低碳化的管理措施	−0.413	1.783
	企业对低碳生产的重视情况	−1.758***	5.864***

续表

变量类别	变量名称	方程(1) 企业经营 管理能力	方程(2) 企业能耗 下降比例
控制变量	ln企业规模		0.332
	企业经营时间	−0.009	
	控制地区差别		Fixed
常数项	常数项		11.124***
模型检验	RMSE	3.386	11.448
	R²	0.235	0.295
	P值	0.000	0.000
	样本总数	81	81

注：*、**、***分别表示在10%、5%和1%的统计水平上显著。

表6-7 联立方程模型估计结果4

变量类别	变量名称	方程(1) 消费者的 生态评价	方程(2) 企业能耗 下降比例
核心自变量	企业能耗下降比例	0.293***	
企业低碳技术创新情况(I)	低碳技术创新中的资金投入强度	−0.784**	3.004**
	低碳技术创新中的工艺改进力度	−0.274	1.473
	低碳技术创新中的人员投入力度	−0.086	0.955
产业结构变化(S)	企业间合作的紧密程度	−0.245	0.785
企业行为(C)	企业是否采用低碳节能技术	−0.548	2.778**
	企业是否制定低碳化的管理措施	−0.436	1.806
	企业对低碳生产的重视情况	−1.731***	5.824***
控制变量	ln企业规模		0.098
	企业经营时间	−0.009	
	控制地区差别		Fixed

续表

变量类别	变量名称	方程(1)	方程(2)
		消费者的生态评价	企业能耗下降比例
常数项	常数项		12.428***
模型检验	RMSE	3.280	11.372
	R^2	0.241	0.304
	P值	0.000	0.000
	样本总数	81	81

注:*、**、***分别表示在10%、5%和1%的统计水平上显著。

　　首先,在排除联立性偏误后,企业的低碳技术创新经由生产能耗的降低对企业效益产生影响的路径机制均显示出了显著的效果。四组联立方程模型的估计结果均显示,企业低碳技术创新的投入越多,则企业能耗下降的比例就越多,而当企业生产能耗下降的比例越大,则企业的效益就越好。特别是当企业在低碳技术创新方面投入更多的资金的时候,企业的生产能耗会呈现显著降低,进而促进企业效益的提升,即企业在利润效益、竞争力、管理能力和消费者生态效益评价方面的提高。

　　其次,若不以企业能耗降低为中介变量,则企业在低碳技术创新方面所进行的投入,也将直接地促进企业效益的提高。四组联立方程模型中的方程(1)均显示,在控制其他条件不变的情况下,企业的低碳技术创新的不断推进,尤其是企业在低碳技术创新方面投入的资金的增加,将会直接转化为企业的效益,即企业的低碳技术创新会为企业在利润、竞争力、管理能力和消费者生态评价方面带来显著的提高。

　　最后,企业若在生产中采用低碳化的行为,尤其是提高对低碳生产的重视以及采用低碳化的技术,也能够在降低企业生产能耗的同时,实现企业效益的提升。

本章小结

本章通过OLS和SUR的回归分析,以及联立方程模型的稳健性分析,得到的结论为,企业开展低碳技术创新能够为企业带来效益上的提升。具体而言,企业在低碳技术创新方面的资金投入力度越大,则其在利润、竞争力、管理能力和消费者评价方面能够得到的回报就越大。此外,企业的低碳技术创新会在一定程度上通过生产能耗的降低来实现企业效益的增加。由此可见,低碳技术创新确实能够给低碳食品企业带来效益的提升,本研究的第一个关键假说H1由此得到了来自实证分析的检验与证明。

在"低碳技术创新是否能够给企业带来绩效"的关键假说H1经过系统的检验而得到证明后,进一步回答"低碳技术创新通过何种机制为企业带来绩效"的机制假说H2就显得至关重要。因此,在接下来的章节,我们将通过实证分析的方法,在低碳技术创新能够给企业带来效益的研究结论基础上,进一步探究假说H2所描述的作用机制与机理。

第7章 低碳技术创新促进低碳食品产业发展的路径与机制

之前的章节已经证明,低碳技术创新能够实现食品企业在利润、竞争力、管理能力和消费者评价方面的提升。由此,我们进一步的问题是,低碳技术创新对食品企业的效益的促进如何转化为整个食品产业的发展。按照经典的SCP分析框架所呈现的逻辑,食品产业要得到发展,则必须通过"调整和升级产业结构→促进企业加大低碳技术投入→提升企业绩效"的路径来实现,即对假说H2进行科学而系统的检验与证明。而以往的研究往往从调整和升级产业结构开始分析,鲜有文献重视外部力量对SCP分析框架中所展现的产业系统的影响。

因此,本研究将在确定低碳技术创新能够提升企业绩效的基础上,将企业开展低碳技术创新作为影响SCP分析框架中产业发展系统的外部力量,从而通过低碳技术创新对SCP系统的影响,来观察低碳技术创新如何促进食品产业发展的具体路径和机制。在实证方法方面,本章将依托结构方程模型(Structure Equation Model,SEM)来完成对理论构建的实证证明,实现对"低碳技术创新通过何种机制为企业带来绩效"的关键问题的系统回答。

7.1 识别低碳技术创新影响食品产业发展的机制的方法

本章将选用结构方程模型作为从实证上识别低碳技术创新影响食品产业发展的具体方法。结构方程模型是建立在变量协方差公式上,用于研究变量与变量间相互影响的一种技术措施,是多元数据分析的重要工具。在科学研究领域中,大量有关人文学科的概念指标很难对其进行定量描述,此类指标也被学术界定义为潜变量,如理解能力、社会文明程度、政府廉洁度等。学术界针对此类指标的衡量,研发出一些外显指标,用于从另一角度定量分析此类指标的性质与关系,这样就构建出结构方程模型。这一技术手段使得以往无法进行量化处理的很多潜变量与指标能够实现量化,并纳入公式中进行分析研究。

结构方程模型在实践方面大量用来研究各类社会学与人文学科的课题与研究项目。以该方程进行分析,较为普遍适用的程序有 LISREL、AMOS、EQS 等。其模型依据性质不同能够分成两类:测量模型和结构模型。前者主要针对指标与潜变量相互的影响关系进行研究,而后者主要针对潜变量与潜变量相互的影响作用分析。

首先,结构方程模型(SEM)具有同时分析多个因变量的能力。该模型能够将多个因变量整合到一个研究框架中进行综合分析。在回归系数计算方面,SEM 可以实现对每个因变量的独立核算。虽然模型在形式上可以展示对多个因变量的多元分析结果,但其对因变量的外部影响因素的分析仍存在一定局限性。此外,SEM 在指标分析过程中允许较大的理论误差范围,且无法对特定指标进行独立测量。由于难以控制误差之间的交互影响,分析结果可能与真实情况存在偏差。

其次,SEM 能够同步测量因子结构与因子关系。这两个分析环节在运算过程中相互独立,使得因子与题目间的关系以及因子间的关系被同时分析,这与现实中因子与题目可能存在的多元影响关系存在差异。

最后,SEM 的测量具有一定弹性,难以处理单一数值在特定因子集合范畴内受研究范围影响而产生的波动情况。值得注意的是,SEM 可以评估模型整体拟合度,而传统分析方法仅能考察单一路径的强度。通过 SEM,研究者可以比较多个模型对特定数值的系统拟合指标,从而分析模型关系与数值拟合度的相关性。

总体而言，SEM是一种研究指标间相互关系的技术方法。该模型既包含可直接观测的显变量，也能纳入难以量化的潜变量，具有传统分析方法所不具备的优势，能够深入揭示特定因素与系统之间以及因素与因素之间的相互作用关系。与传统回归分析相比，SEM能够同时分析多个因变量，并比较不同理论模型的结果差异。通过SEM可以构建专门的指标体系，检验特定指标是否符合理论预期。运用SEM进行多目标研究，有助于研究者理解不同组别指标间的相互影响及其均值关系。

基于上述分析，本章研究低碳技术创新作为外部冲击影响食品产业发展系统的机制问题，鉴于该问题的复杂性和机制探索需求，采用结构方程模型进行实证分析是最为合适的方法。

7.2 低碳技术创新促进食品产业发展的因素组成与路径分析

基于本研究在数据统计与描述性分析部分已经进行的信度效度分析，本节依照图3-1所呈现的基本逻辑，运用AMOS软件建立如图7-1所示的结构方程模型。其中潜变量I表示低碳技术创新，由因子F_4、F_7、F_8来表示，同时因子F_4、F_7、F_8作为潜变量，分别由观测变量I_1、I_2、I_4，I_3、I_5、I_6，以及I_7、I_8来表示。潜变量S表示企业开展低碳技术创新所带来的产业结构变化，由观测变量S_2、S_3、S_4来表示。潜变量C表示产业结构发生变化后，企业在行为层面发生的变化，由因子F_1、F_5、F_9来表示，而因子F_1、F_5、F_9，分别由观测变量C_2、C_3、C_4，C_5、C_{10}、C_7，C_{11}、C_{12}、C_8来表示。潜变量P表示企业在发生行为方面的变化后其绩效的变化情况，由观测变量P_1、P_2、P_3、P_4来表示。结构方程模型的变量体系见表7-1。

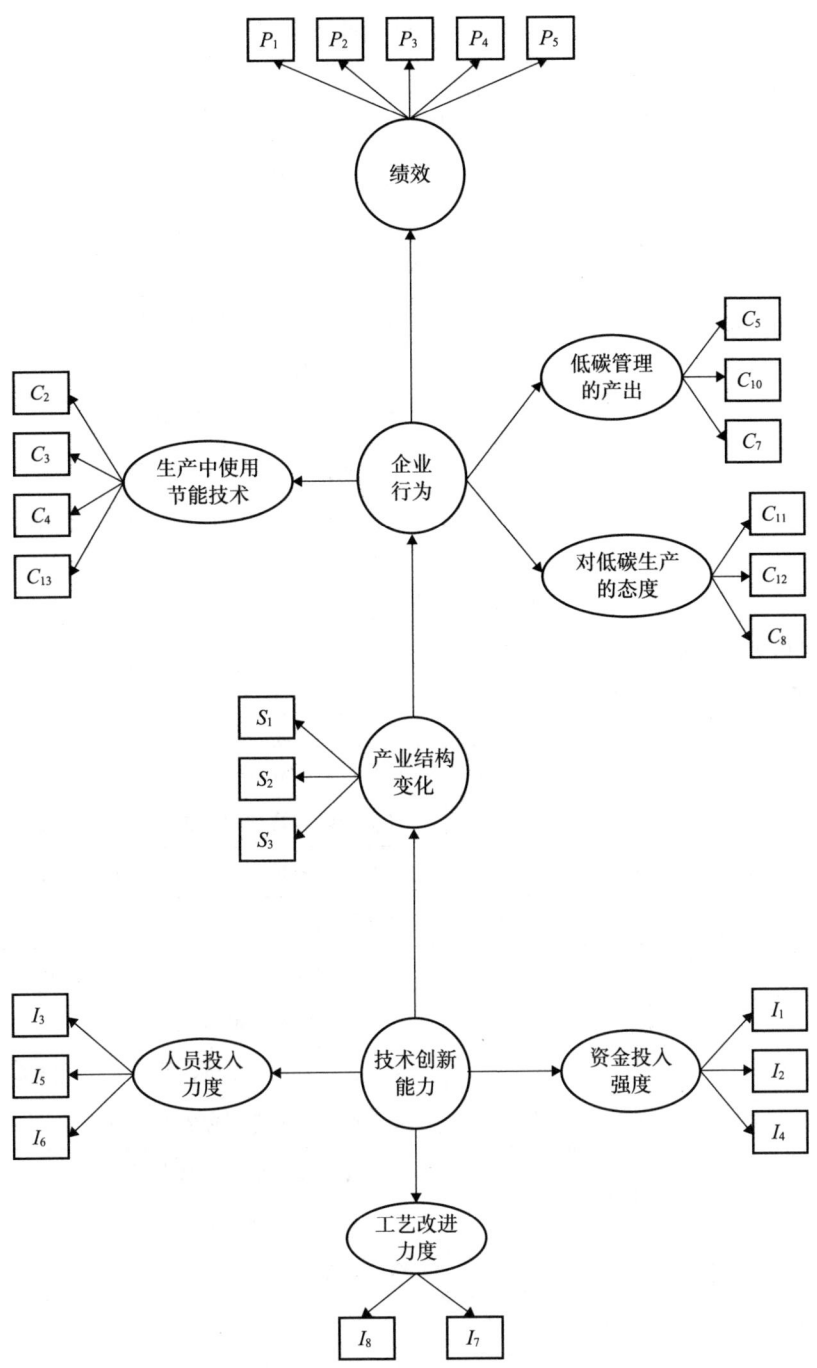

图7-1　低碳技术创新下食品产业发展SCP分析框架所构建的结构方程模型的路径示意图

表 7-1 结构方程模型的变量体系

一级指标	二级指标	命名	观测项
低碳技术创新能力(I)	资金投入强度	I_1	低碳技术研究与试验发展经费占总研究与试验发展经费的比例
		I_2	从事低碳技术研发与应用的科技人员占总技术人员的比例
		I_4	节能减排投入占销售收入比重
	人员投入力度	I_3	引进低碳技术的花费在同类企业中的比较
		I_5	节能减排资金是否用于新技术开发
		I_6	节能减排资金是否用于招募和培养科技人员
	工艺改进力度	I_7	节能减排资金是否用于加强企业管理
		I_8	节能减排资金是否用于优化生产工艺
产业结构变化(S)	企业间合作的紧密程度	S_1	是否与上游企业存在紧密的合作关系
		S_2	是否与下游企业存在紧密的合作关系
		S_3	是否与同类型企业存在紧密的合作关系
企业行为(C)	生产中使用节能技术	C_2	日常经营和管理中是否采用智能节能技术
		C_3	日常经营和管理中是否采用可再生能源技术
		C_4	生产加工中是否采用二氧化碳捕获技术
		C_{13}	企业有无节能减排目标
	低碳管理的产出	C_5	近三年包含相关低碳技术的新产品数
		C_{10}	是否选择低碳产品认证
		C_7	企业是否制定了低碳化经营的管理措施
	对低碳生产的态度	C_{11}	企业产品加贴低碳标签意愿情况
		C_{12}	是否支持建立低碳交易市场
		C_8	企业对节能减排的重视情况
绩效(P)	综合绩效	P_1	企业效益
		P_2	企业的竞争能力
		P_3	企业的经营管理能力

一级指标	二级指标	命名	观测项
绩效(P)	综合绩效	P_4	消费者对企业产品生态效益的评价
		P_5	执行节能减排后能耗的下降比例

7.3　低碳技术创新促进食品产业发展的路径识别结果

由于本研究参与估计的样本数仅为81个,为了保证估计结果能够具有良好的稳健性和代表性,我们选择通过Bootstrap对构建的结构方程模型进行极大似然估计。具体而言,我们选取Bootstrap＝5000,并最终通过Bootstrap Bias-correct标准误来判断图7-1中机制路径的显著性。

在模型的显著性方面,经过对模型的修正,模型的适配度检验结果如表7-2所示。在绝对适配度指数方面,本章所建立模型的RMSEA值为0.054,处于比较理想的模型适配度区间。在增值适配度指数方面,本章所建立模型的IFI、TLI、CFI值均在0.90以上,表现出了良好的内部适配情况。在简约适配度指数方面,本章所建立模型的PNFI、PCFI值均在0.50以上,体现了良好的内部一致性。总之,从各项SEM模型分析得出的适配度情况观察,本研究构建的SEM模型的适配度良好,因此,其所呈现的各变量之间的路径和机制关系的估计值在统计上得到了有效的保证。

表7-2　结构方程模型的整体适配度评价表

检验项目	统计检验量	本文模型数值	适配的标准或临界值
绝对适配度指数	卡方值	298.889	越小越好
	RMSEA	0.054	≤0.05(适配良好);≤0.08(适配合理)
	NCP	56.889	越小越好
增值适配度指数	IFI	0.946	＞0.90
	TLI	0.930	＞0.90
	CFI	0.943	＞0.90

续表

检验项目	统计检验量	本文模型数值	适配的标准或临界值
简约适配度指数	PNFI	0.622	>0.50
	PCFI	0.716	>0.50

评价标准来源:吴明隆《结构方程模型:AMOS的操作与应用》,重庆大学出版社,2009。

为了便于分析,我们针对分析的重点路径简化出了标准化终解路径图,如图7-2所示。由关键部分的终解路径图我们可以看到,当企业开展低碳技术创新变化1个标准差的时候,将相应地引起食品产业结构发生0.324个标准差的显著变化;当食品产业结构发生1个标准差的变化的时候,会相应地引起企业行为发生0.527个标准差的显著变化;当企业行为发生1个标准差的变化的时候,会相应地引起企业效益发生0.829个标准差的显著变化。由此可知,当食品企业促进低碳技术创新发生1个标准差的变化的时候,将最终促进效益发生0.142(0.324×0.527×0.829)个标准差的变化。

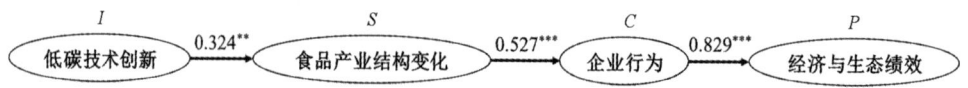

图7-2   结构方程模型标准化终解路径图(只显示关键环节)(Bootstrap=5000)

(注:①***、**表示在0.1%和1%的Bootstrap Bias-correct的区间内显著。②原始估计结果见附录2。)

从具体的解释上来看,由估计结果可知,当食品企业在资金、工艺和人员方面加强投入,促进了低碳食品的低碳技术创新后,食品企业会更多地得到合作企业的青睐,也会因为低碳工艺的进步得到更多新的合作者。由此,各个食品企业开始围绕低碳技术创新组建自己的上下游企业,形成了基于低碳技术创新的食品产业链,由此形成了食品产业中企业间更紧密的合作,实现了通过低碳技术创新达到产业集中度提升的效果,最终表现为产业结构在各个企业进行低碳技术创新的背景下得到优化。基于低碳技术创新的产业结构优化,促使企业间形成了采用低碳生产技术并进行技术革新的激励机制。通过低碳技术推动产业结构优化,不仅提升了企业对低碳生产的重视程度,还促进了低碳生产技术的应用,并增加了企业在低碳管理方面的产出。在此过程中，企业的低碳生产与管理行为随着低碳技术创新的发展而持续优化。在企业的低碳行为得到优化后，其将从生产工艺的改进、管理方法的提升，以及产业结构的升级当中得到更多的交易成本节约，从而显著提升企业竞争力和管理水平。同时，采用低碳技术生产的低碳产品更能满足消费者对产品生态属性的需求，大幅提升了消费者在心理和精神层面的支付意愿，最终推动企业利润的增长。

由此我们可知，作为产业发展系统外部冲击因素的企业低碳技术创新，带来了食品产业发展系统中各个环节的提升，展现了低碳技术创新促进食品产业发展的清晰路径与机制，假说 H2 得以验证。

7.4 低碳技术创新对食品产业发展的可持续促进机制

在明确低碳技术创新如何促进食品产业发展的机制后，随之而来的问题是，这种促进机制是否能够使食品产业发展系统进入良性循环，从而形成持续的经济生态效益改善。传统研究通常认为，企业经济和生态效益的提升必然会激励企业将所收获的效益重新投入低碳技术创新、食品产业结构优化，以及其具体的生产行为中，进而形成效益驱动的良性循环。

然而，遗憾的是，本章基于结构方程模型的研究发现却与传统认知相左。图 7-3 所展现的估计结果显示，虽然低碳技术创新能够通过促进食品产业结构优化、推动企业实施低碳生产行为，从而产生相应的经济生态效益，但是经济生态效益的提升却并不会给低碳技术创新以及食品产业发展系统中的其他两个环节带来正向的反馈作用。从结果中可以看到，经济生态效益对所有其他环节的反馈效应都是不显著的，同时，其他环节相互之间的反馈效应也是不显著的。因此，在确认低碳技术创新能够促进食品产业发展的基础上，我们有必要进一步去思考如何通过低碳技术创新持续地推动食品产业的发展。在此，本章基于前述研究提出以下两点设想。

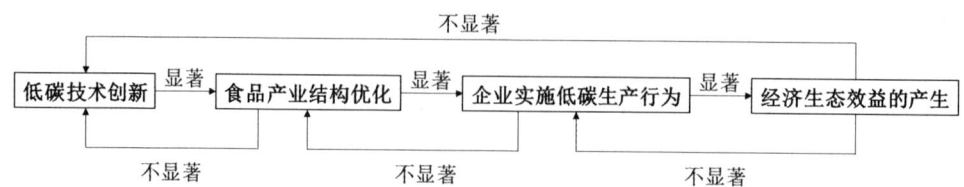

图7-3　持续反馈机制的缺失

(注:图为作者绘制。为了便于分析,此处仅标注统计上的显著性,而没有注明数值。)

其一,采用外部强化的方式实现持续发展,即通过持续的低碳技术创新来实现食品产业的持续发展。既然经济生态效益的反馈机制和食品发展系统中的各个环节没有形成相互间的良性反馈机制,则能够形成食品产业持续发展的方法之一就是持续不断地加强外部冲击,即持续不断地强化低碳技术创新。从调查访谈中我们能够注意到,进行低碳技术创新需要成本的投入,因此大多数企业制定的都是短期的节能减排或者科技研发目标,现实的发展阶段还无法由企业自身来实现长期的低碳技术创新的强化。因此,这种方案在我国当前的发展阶段还不适用。

其二,通过政府政策的协同方式实现持续发展,即通过政府制定相关政策,实现对原本效果不显著的食品产业发展系统的反馈机制的激活,从而实现自发性的食品产业的良性发展。如图7-4所示,虽然食品产业发展系统中的反馈机制在原始状态下都起到并不显著的作用,但是政策若同时在反馈机制中注入相关产业政策的力量,调动原有反馈机制中没有被完全调动的市场机制、社会力量与行政资源,则有可能实现对原本并不显著的反馈机制的激活。在对企业的访谈和调查中我们也了解到,企业除了在市场中打拼,其许多意愿也需要政府在政策上给予协同和支持,否则纵使其有很好的实力和强烈的意愿,也无力推动整个产业的发展。

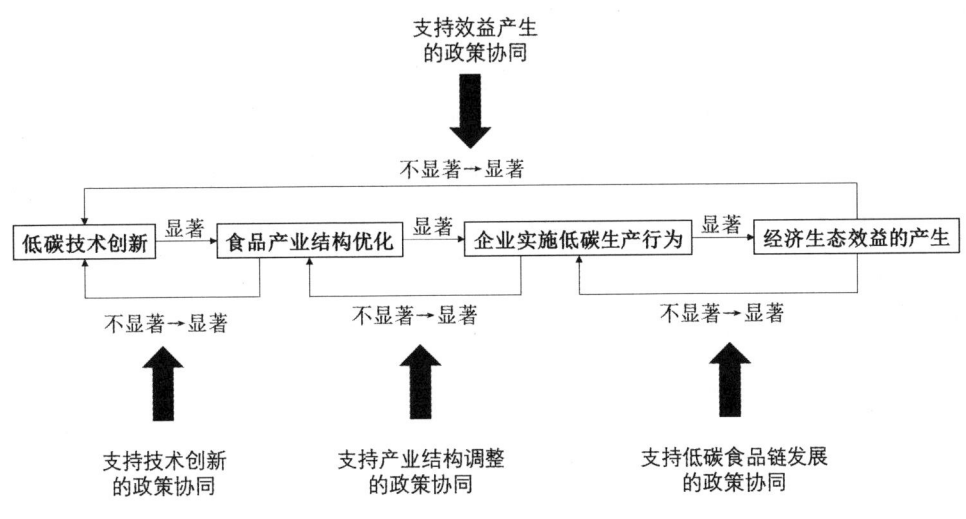

图7-4　政策协同方式促进低碳食品产业可持续发展示意图

(注:笔者根据政策建议绘制)

本章小结

本章具体分析了低碳技术创新对食品产业发展的促进机制,系统地回答了"低碳技术创新通过何种机制为企业带来绩效"的关键问题,证明了假说H2所体现的理论逻辑,得到的主要结论如下。

企业开展低碳技术创新能够促进食品产业结构的优化升级,食品产业结构优化升级能够推动企业实施低碳生产行为,食品企业低碳生产行为的实施最终能够促进企业经济效益、社会效益和生态效益的提高。总之,企业开展低碳技术创新,不仅能够提高企业自身的效益,还能够通过充分推进食品产业发展系统中各环节的改善,实现食品产业的进步与发展。

然而,随之而来的问题是,低碳技术创新虽然能够带来食品产业的发展,但是这种动力却是暂时的。由于企业成本和未来发展目标等多方面原因,低碳技术创新在我国如今的食品产业发展阶段并不能为食品产业带来持续性的发展动力。因此,从产业经济学的基本理论出发,产业的发展除了市场机制之外,政府产业政策的协同推进也是产业发展的重要动力来源之一。

在本研究接下来的部分,我们将重点讨论在食品加工制造企业以低碳技术进行生产技术改良的过程中,政府机构应怎样制定相应的产业政策,来协同推进食品产业发展系统中的各项反馈机制的激活,进而在低碳技术创新的带动下,食品产业能够获得内生性的持续发展动力,最终实现政策协同下低碳技术创新带动食品产业的可持续发展。

第8章 低碳技术创新促进食品产业可持续发展的对策与措施

低碳食品产业可持续发展符合时代要求,符合低碳经济、绿色经济发展要求,本研究在之前章节已经完成了关于食品企业如何在低碳技术这一外部冲击下获得合理绩效,进而实现食品产业可持续、低碳化发展的分析研究,其结论为低碳技术创新背景下低碳食品产业可持续发展的对策奠定了基础。本章将从加强低碳理念更新及其配套的产业发展的顶层设计、推动低碳食品产业链各环节的全面技术创新、促进低碳技术创新下的供给侧结构性改革与食品消费低碳化、加强对产供销等主体的综合激励、加强法规政策与行业规范的综合支持五方面提出相应的对策建议。

8.1 加强低碳理念更新及其配套的产业发展的顶层设计

8.1.1 提高新发展理念要求食品产业低碳化的认知水平

提高新发展理念与低碳技术创新背景下低碳食品产业发展关联性的认知水平非常重要。新发展理念是指创新、协调、绿色、开放、共享五大发展理念。其中创新、绿色与低碳技术创新背景下低碳食品产业发展的关系直接相关,协调、开放、共享也与之间接相关。同时,由于食品产业本身具有比较大的跨度,包括食品生产研发、食品生产、食品加工、食品包装、食品储藏、食品运输、食品销售、食品消费等诸多环节及其相应行业,这些环节或行业都是食品产业整体中不可缺少的组成部分,都需要低碳技术创新的支持,而且需要多个领域的技术支持,都需要创新、协调、绿色、开放、共享的新发展理念作为支撑。要加强宣传,促进学习,提高干部群众、管理人员,特别是政府相关管理部门与相关企业的认识水平。

8.1.2　推进新发展理念下的顶层设计及深入实施

结合低碳技术创新及其促进低碳食品产业发展的特点与实践要求等综合因素,笔者认为,在现实实践中,基于低碳技术创新促进低碳食品产业发展的实施路径,应围绕"新理念下的指导思想与顶层设计—低碳技术创新促进低碳食品产业的价值观与文化—战略与决策的科学制定—战略实施的环境分析与基础条件—战略实施的资源动员与资源配置—实践策略与实施推进的科学方案—推进实施方法与技术的运用、评估、检验—推进实施支撑体系、保障措施与调控"这一主线,实现各环节的环环相扣、层层落实。如图8-1所示。

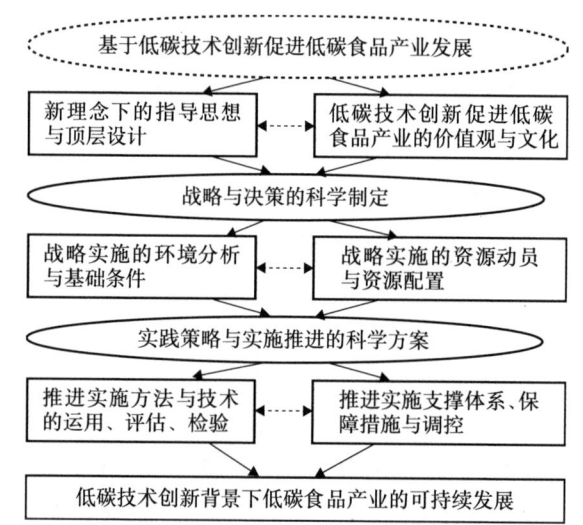

图8-1　新发展理念下低碳技术创新促进低碳食品产业发展示意图
(注:笔者自行设计绘制完成。)

这一路径以低碳技术创新促进低碳食品产业发展为目标。要做好以下工作。

第一,建立基于低碳技术创新促进低碳食品产业发展要求的新理念及与此相适应的指导思想,在新理念与指导思想的基础上进行相应的顶层设计。在顶层设计中需要把握以下几个关键要点:一是必须将低碳技术创新推动低碳食品产业发展的问题纳入社会经济发展的大系统中统筹考虑,避免孤立思考和单独行动,要深刻认识到低碳技术创新及其对低碳食品产业的促进作用,本身就是建设创新型国家和构建现代经济体系的重要组成部分;二是顶层设计要体现新时代发展的高度与要求,要与新发展理念从精神到内涵相一致,要与习近平新时代中国特色社会主义思想高度一致,要与经济发展阶段、产业发展与结构优化等要求一致;三是突出科学性与实践操作性。

第二,着力培育全社会支持低碳技术创新、促进低碳食品产业发展的价值理念,营造良好的文化氛围。具体而言,要做好以下几项关键性工作:一是加强低碳食品技术创新的精神支持与物质支持,加强政府与社会对低碳食品技术创新的关注与投入;二是鼓励地方政府、相关行业,特别是大型企业加强低碳食品技术创新的投入,建立创新载体与创新服务平台;三是加强低碳食品技术创新成果转化与应用,推动低碳技术创新与低碳食品产业发展的有效结合;四是努力促使全社会与广大民众普遍认识到低碳技术创新的重要性,逐步形成有利于低碳技术创新以及低碳技术创新促进低碳食品产业发展的价值取向与文化氛围,逐步形成与构建相对应的物质文化、精神文化、制度文化与行为文化。

第三,围绕低碳技术创新促进低碳食品产业发展的目标制定科学战略决策时,需注意同一目标下存在多维度的决策差异。从相关决策主体来看,有政府(包括各级政府)、行业组织(如行业协会)、企业等;从战略决策的范围尺度与内涵层次来看,有宏观的战略决策、中观的战略决策、微观的战略决策等。这些不同维度的决策,都需要在相应的维度上进行战略环境的综合分析,进而确定战略定位与构建战略内涵、战略重点、战略布局与战略实施,在具体实践中要结合实际科学地制定战略决策。

第四,认真研究和充分领会战略决策的核心要领与实施要求,努力组织实施。在推进实施的过程中,要系统分析战略实施的环境,包括宏观的综合环境、行业发展环境、低碳食品技术发展情况与低碳技术创新环境、低碳食品产业发展环境等。如果是企业主体,还要系统分析企业本身的内外部环境;要系统分析基于低碳技术创新促进低碳食品产业发展的基础条件,包括低碳食品产业发展基础、人才科技与技术创新基础、低碳技术创新成果转化应用基础、政策制度基础、行业与企业的管理基础等;要做好战略实施的资源系统动员与资源优化配置。

第五,建立健全战略实施的支撑保障体系。战略实施的顺利推进少不了综合支持与保障措施,包括低碳技术创新、低碳技术创新成果应用转化,以及低碳技术创新对食品产业发展的推动等方面,都需要系统性的综合支持与保障。比如低碳技术创新及其成果转化与促进低碳产业发展都需要相应的基础设施支持、科技与人才支持、激励与动力支持、制度与管理支持等。

第六,认真做好战略实施过程中的评估调控。战略实施过程中的推进进程、实施成效、存在的问题或障碍、偏差与不足等,都需要进行系统监控、评估分析、纠偏控制。以低碳技术创新促进食品产业发展战略目标为依据,以指向战略目标的方向为主线,以战略实施效果与战略实施过程中内外部综合情况变化等为参照来进行分析评估,总结成功的经验,找出问题与不足,进行有针对性的调控与纠偏。

8.2　推动低碳食品产业链各环节的全面技术创新

8.2.1　推进低碳食品产业链全面技术创新的出发点

从前文的研究可知,低碳技术创新对低碳食品产业发展非常重要,而低碳食品产业所涉及的产业领域很广,这就决定了低碳食品产业的低碳技术创新绝非一时之功。要实现以低碳食品产业链低碳技术创新来系统推进低碳食品产业可持续发展的目标,就必须把低碳技术创新导入到低碳食品产业链各个环节,比如可以把低碳食品产业链划分为食品研发、食品生产、食品加工、食品包装、食品储藏、食品运输、食品销售、食品消费等具体环节,在这些环节中实现低碳技术创新,促进各环节的低碳化发展与可持续发展,从而实现低碳食品产业可持续发展,低碳食品产业链低碳技术创新促进低碳食品产业可持续发展示意图如图8-2所示。

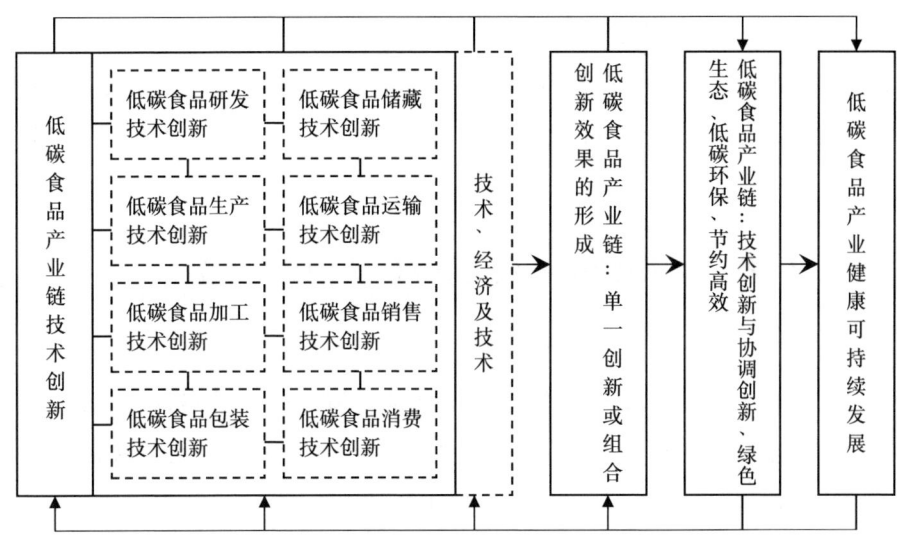

图8-2　低碳食品产业链低碳技术创新促进低碳食品产业可持续发展示意图

（注：笔者自行设计绘制完成。）

8.2.2　加强对政府管理部门与企业的低碳技术创新支持

除了对社会普通民众加强宣传教育外,应主要针对政府及其管理部门的干部与管理人员、企业及其员工等受众,围绕低碳食品产业链的内涵与构成、相关技术、技术创新及其对产业可持续发展的推动作用等内容,加强对受众的宣传教育与综合性培训,激发受众的创新责任与创新支持的意识。若要全面改善政府管理部门的现状,主要的方式就是宣传与培训,提升管理部门干部与管理人员对低碳食品产业链低碳技术创新及其对低碳食品产业可持续发展重要性的思想认识,积极鼓励相关人员钻研低碳食品产业链及相关技术、低碳食品产业链低碳技术创新、低碳食品产业可持续发展等方面的相关知识,思考推进低碳食品产业链低碳技术创新以及推进低碳食品产业可持续发展的相关措施、引导方法与管理方法等,更好地激发、吸引相关人员参加低碳食品产业链低碳技术创新等活动。

加强对企业及其员工(包含低碳食品产业链中的食品研发、生产、加工、包装、储藏、运输、销售、消费等主要环节相关企业及其员工)的技术培训,使其充分认识低碳技术创新的必要性及其与企业发展的密切关联。需按企业类型(如研发、生产、加工、包装、运输等)开展针对性宣传培训,帮助其明确自身在低碳食品产业链中的定位与需求,进而更好地服务于技术创新与产业发展目标,同时提升企业管理效能。

8.2.3　推进低碳食品产业链的技术研发与技术供给

推动低碳食品产业可持续发展的关键在于技术创新。为降低食品全生命周期(研发、生产、加工、包装、运输、销售等环节)的能耗与排放,需为各环节提供节能高效、绿色环保的技术支持,尤其应重点推广资源节约型与减排技术。当前,节能减排技术已获得政府与企业的共识并逐步落地应用。

政府部门虽然职责存在差异,但目标是一致的,那就是致力于研发节能减排与低碳化相关技术,并落实到实际应用。各环节对应的行业管理部门需重点推动本领域节能减排技术标准的制定与实施:技术标准面向所有企业普及,技术开发聚焦具备研发能力的企业,技术应用则侧重服务缺乏自主开发能力的企业。

8.2.4　构筑低碳食品产业链与生态文明建设对接平台

低碳食品产业链是从农田到餐桌各主要环节的整体系统,主要包括食品的生产、加工、包装、运输、消费等环节构成的食品产业链,但为了使低碳食品产业链能够与生态文明建设充分对接,其每个环节就需要进行深层次的展开和细化。与此同时,可行环节的详细划分与展现要进行合法且有效的延伸,使其与生态文明建设真正形成系统且充分的连接。因此,需要对低碳食品产业链进行科学的横向延伸与纵向延伸。

横向延伸可具体分为两方面:一是低碳食品产业链前端,具体是指人才、原料及技术供给,还指低碳食品设计策划研究及开发研究;二是低碳食品产业链后端,指低碳食品的指导、评估与服务等。

纵向延伸环节主要包括运输环节、生产环节、消费与回收利用环节及包装环节等。比如生产环节中的生产理念、产品设计、生产技术、生产标准规范、工艺流程、生产过程"三废"控制与监管、生产管理、企业文化等的系统性深化。为了对接生态文明建设,所有环节都要满足生态需求和目标。同理,包装、运输、消费等环节同样需要围绕生态文明建设目标进行全方位升级。通过这种纵深发展,确保所有环节均符合可持续发展的核心要求。

8.2.5 加强低碳食品产业链、生态文明、可持续发展的融合

2015年9月,中共中央、国务院印发了《生态文明体制改革总体方案》,其核心思想对低碳食品产业发展具有直接指导意义,特别强调资源循环利用和绿色产品体系建设。例如,方案第四十六条明确提出"建立统一的绿色产品体系",将低碳产品、有机产品、节能环保产品等纳入规范化管理框架,旨在构建绿色产品发展的长效机制。生态文明与低碳食品密切相关。为了实现生态文明建设、推动低碳食品产业发展,需要了解生态文明建设机制和低碳食品发展相互推进的关系,掌握其推进途径和应用手段,因为低碳食品产业的良好发展会推动生态文明建设的进步,而低碳食品产业的健康发展又受生态文明体制革新的激励,两者相互推动。因此,低碳食品产业发展有利于推进生态文明建设,而生态文明建设又能够推进可持续发展。

8.3 促进低碳技术创新背景下的供给侧结构性改革与食品消费低碳化

8.3.1 加强低碳技术创新背景下低碳食品供给结构优化

从调查研究中我们可以得知,低碳食品产业的发展不仅需要投资、消费、出口的需求侧拉动,还需要从低碳食品的创新能力、结构优化和有效供给等方面去发展,要加强低碳食品的有效供给和供给创新的能力,这样才能使供给侧推动低碳食品的快速稳定发展。为此,必须大力增强低碳食品的有效供给能力和供给创新能力,实现供给侧的突破性发展。我们应当深化研究,扎实推进低碳食品创新与生产,优化产业结构,持续提高供给能力和创新水平。需要充分发挥政府和企业的作

用,针对低碳食品从设计研发到加工生产、包装运输及销售的全产业链环节存在的问题,政企协同推进供给结构优化,全面提高低碳食品发展水平。

8.3.2 加强低碳技术创新背景下低碳食品供给侧与需求侧改革

在学术层面,对于供给侧结构性改革与需求侧改革,学者们早有研究,并有诸多成果指导,具体实践则需要我们大力落实。针对低碳食品产业发展的实践问题,不但需要考虑供给侧结构性改革与需求侧改革问题,更需要把供给侧结构性改革与需求侧改革结合起来加以研究与共同推进。我们通过分析低碳食品产业发展的理论和实践问题,了解到低碳食品产业的发展不仅需要投资、消费和出口的需求侧拉动,还需要从低碳食品的结构优化、有效供给和供给的创新角度去拉动。虽然投资、消费、出口是推动经济发展的三大动力,但是低碳食品产业的发展更需要从供给侧发力,优化供给结构,推动有效供给和供给创新。一方面,深化供给侧结构性改革可以扩大需求规模,通过前端供给创新激发消费潜力;另一方面,供给创新与改革又能吸引更多消费者,形成需求侧拉动,从而推动产业良性发展,引领行业潮流。

8.3.3 加强社会经济发展顶层设计与食品低碳化对接

在国家社会经济发展顶层设计中,必须明确低碳食品发展的原则、指导思想和目标,为各职能部门、市场主体和公共管理部门提供方向指引。针对各个方面的部门、企业及政府发展机制,应认真落实并做好以下三方面工作。其一,社会经济发展顶层设计理念要与实践方向一致,全面有效了解实践要点;其二,要结合实际应用情况对接社会经济发展顶层设计,从而使其理念具有实用性,能更好地发挥其作用;其三,建立宣传推广和落地保障机制。通过定期评估实施效果、及时弥补不足,稳步推进低碳食品消费的社会化进程,使其成为产业发展的重要驱动力。

8.3.4 加强低碳食品的研发设计、生产及有效供应

解决供给问题是推广低碳食品的关键。目前,我国市场上提供的可消费低碳

食品种类及数量有限,要实现低碳产品供给充足,引导消费,从而带动低碳食品产业发展,就要通过深化供给侧结构性改革,加强低碳食品的研发设计,建立一个全面有效的供应平台。为了实现这一目标,应重视下面三项工作。

其一,统一思想,主要指食品企业、食品行业的管理人员以及政府部门,应重视对低碳食品的研发设计和政策支持;其二,优化产品布局并关注市场需求方向,根据消费市场呈现的消费需求进行技术与产品的结合,实现低碳技术在食品领域中的价值转化;其三,建立低碳食品新机制,比如品牌与产品创新和生产工艺与原料创新,以及革新旧产品等,通过供给侧改革激发新需求,实现供需良性互动。

8.3.5 加强食品消费低碳化的宣传

目前,我国公民对食品消费的关注点更多地停留在其价格是否亲民和食品的味道等方面,而对低碳食品行业发展与低碳食品的关系、食品产业链与个人低碳食品消费的相关性、个人对低碳食品选择与环境影响、个人食品消费低碳化与低碳食品产业发展的关联性等深层次问题关注较少,这阻碍了消费者在食品消费低碳化上的主观能动性及其实际应用。消费者对食品消费低碳化的认知匮乏,也表明有必要在社会层面开展相应的宣传与培训,全面推广低碳消费的新意识、新理念,摒弃陈旧观念,引导公众树立节能、环保、健康的消费意识与理念。全面推行全民消费低碳化,也是相关人员及组织的责任所在。政府部门要发挥渠道优势,行业协会要深入社区开展多样化宣传,教育机构要加强对青少年的低碳教育,形成全社会共同推进的格局。

8.4 加强对产供销等主体的综合激励

8.4.1 加强对相关生产经营活动主体的有效激励

当前,面对愈演愈烈的国际低碳化潮流,我国低碳食品产业发展还是远远不够的,在经营主体的管理方面也缺乏相关的管理经验。对此,有关政府部门以及各地方机构应积极参与进来，建立激励体系，形成上下联动机制。中央政府应制定鼓励低碳食品产业发展的政策，地方机构做好对接落实，为相关经营主体提供支持，并根据地方实际予以补充完善。除此之外，作为被援助方的相关食品产业、行业和企业部门也应该主动参与进来，为更好地建立激励制度建言献策。政府层面在加强鼓励的同时，还需建立约束机制，通过正负激励相结合的方式，确保激励效果最大化且成本可控。有效的激励措施对促进低碳食品研发、扩大产业规模具有重要意义，也将为后续生产运输环节提供保障。

8.4.2　加强对低碳食品消费活动主体的有效激励

推动低碳食品的消费，能够有效地促进低碳食品的开发。李丽华等提出，低碳食品的消费在低碳食品产业链中处于龙头位置，通过激励消费可带动研发、生产、加工、包装、储藏、运输、销售等各环节发展。与非低碳食品相比，低碳食品在生产过程中所运用的技术更为先进，因为生产过程比较复杂，生产成本也就比非低碳食品高，所以低碳食品的价格更贵，价格的升高可能会导致食品生产过程中食品生产、加工企业的竞争积极性的降低，如果这些问题不解决，那么低碳食品未来的发展也就不会一帆风顺，因此要采取一定的措施来加强引导。首先，要让消费者了解低碳食品的重要意义，激发消费者对环境保护的重视，通过加强宣传，激励消费者购买低碳产品，不断扩大低碳食品的市场；其次，政府等有关部门可拓宽渠道，将低碳食品的产业链延伸到食品产业链的所有相关环节，并制定各种有效的消费激励措施；最后，加强低碳食品的科普宣传，让消费者真正了解到低碳食品对于环境的保护作用，在全社会范围内建立起低碳食品的概念和相关的消费观念，真正让低碳食品走进各家各户。

8.4.3　加强对低碳技术创新与食品产业低碳化发展的文化激励

为了更有效推进低碳技术创新下食品产业低碳化发展，有必要加强全社会的"低碳食品文化"建设。这一长远目标的实现需要全社会共同努力，形成以低碳技术创新为核心的文化价值观。政府、行业协会、企业及个人都应树立低碳发展理念,构建包含精神文化、物质文化、行为文化和制度文化的完整体系。具体来说,可培育家庭低碳饮食文化、个人低碳消费文化、企业低碳经营文化和政府低碳管理文化,使其成为日常生活的重要组成部分。

8.5 加强法规政策与行业规范的综合支持

8.5.1 加强支撑性法律法规建设

在时代发展迅速的今天,低碳食品也逐渐成为时代的新宠儿,而作为新兴产品,它的安全问题更引人关注,如何在法律方面确保食品的安全生产,这值得有关部门认真考量。按照《中华人民共和国立法法》的相关规定,法律、行政法规、地方性法规、自治条例和单行条例、规章等按照不同的等级要求和不同种类的立法主体分别制定。由此,我们可以根据各种低碳食品的发展程度来确定不同的规章制度,从而进行统一的规范管理。除此之外,我们更应该熟悉现有的法律法规,依法行事才能安全发展,比如《中华人民共和国环境保护法》《中华人民共和国循环经济促进法》《中华人民共和国可再生能源法》《中华人民共和国节约能源法》《中华人民共和国清洁生产促进法》等,以及政策性文件如《国民经济和社会发展第十二个五年规划纲要》等,重点查阅这些法律中有关低碳食品的内容,做好预防工作,并且依据法律制定一定的条例,为更好地服务于低碳食品产业而奋斗。

8.5.2 加强支撑性制度建设与制度保障工作

在制度建设方面,如何确保其有效实施值得深入思考。建议首先充分利用现有制度资源,强化实际应用能力。以"十二五"期间的节能低碳制度为例,该制度已涉及低碳食品相关内容,在低碳、节能及碳排放监管等方面建立了认证评估体系。虽然取得了一定成效,但仍需深化对低碳食品制度内涵的研究,并在实践中检验完善,以提升制度的实效性。同时,应积极借鉴国际经验,在参考国外食品碳标签制度的基础上,结合我国实际,创新建立适合国情的食品碳标签体系,包括建立覆盖生产、运输、销售等环节的资源消耗评价、碳排放评价、环境影响评价及碳税等制度，为低碳技术创新和产业发展提供制度保障。

8.5.3　完善相关行业规范与行业标准

低碳食品的发展与行业的整体风气是息息相关的，所以行规在此刻显得尤为重要。行规代表着一个行业的准则，没有规矩不成方圆，低碳食品在无序的环境下难以健康发展。完善的行业标准是产业健康发展的基础，需要在低碳食品研发、生产、加工、包装、储藏、运输、销售、消费等各环节建立规范体系。这些规范应涵盖全产业链，既包括企业生产经营行为，也涉及政府监管、社会组织和消费者行为。通过建立多层次、全方位的标准体系，为低碳食品技术创新和产业发展创造良好的制度环境。

8.5.4　加强低碳技术创新与监管创新融合互促

加强低碳技术创新与监管创新融合互促应从三方面推进。一是为了达到促进低碳食品产业发展目的，要按食品产业与食品链"低碳化"的客观需要，在食品链的研发、生产、加工、包装、储藏、运输、销售、消费等环节中，加强低碳技术创新与监管创新的结合，使低碳技术创新更加快速高效。同时，要配套实施相应的监管措施，包括约束性监管和指导性监管。为确保监管配套文件的有效制定，需强化政府管理部门的协调机制，并将其与低碳技术创新活动紧密结合。二是加强政策宣传，普及监管知识，夯实群众基础。三是构建由政府、企业、行业协会和公众共同参与的监督网络，形成监管合力，推动低碳食品产业健康发展。

8.5.5　加强低碳技术创新与政策创新融合互促

低碳食品技术创新与食品产业与食品链"低碳化"属于新生事物，需要必要的政策创新予以支持，更需要加强低碳技术创新与政策创新的有效结合。建议政府部门深化改革，完善政策体系：一是全面评估现有政策实施效果；二是针对低碳技术创新需求，研究制定专项扶持政策；三是建立动态监测和调整机制，在食品产业链各环节实施政策效果评估和优化,为食品产业低碳化转型提供全方位政策支持。通过政策与技术创新协同推进,促进食品产业可持续发展。

本章小结

在全球气候变化日益严峻、绿色低碳转型日益紧迫的时代背景下,食品产业作为国民经济的重要组成部分,亟待通过低碳技术创新实现可持续发展。本章围绕"低碳技术创新促进食品产业可持续发展"这一主题,系统地提出了五方面的对策,旨在为我国食品产业绿色转型与高质量发展提供系统性支撑路径。

第一,从理念引领与顶层设计出发,强调要以新发展理念为指引,增强食品产业主体的低碳发展意识,并通过政策规划和制度安排推动低碳化的系统部署。第二,在技术路径上,提出要围绕食品产业链的全过程推进低碳技术创新,加强从政府到企业的多维支持,形成从技术研发、技术供给到生态文明建设相融合的创新平台。第三,聚焦于供给侧结构性改革与消费引导,探讨了如何通过优化低碳食品供给结构、推动供需协同改革、加强消费端宣传,实现从生产到消费的全链条低碳化转型。第四,在激励机制方面,明确要通过对生产经营者、消费者及文化层面的系统激励,增强各类主体在低碳发展中的内生动力和外部推动力。第五,从政策与制度保障角度,提出了加强法律法规、制度安排、行业规范、政策工具与监管机制的综合协调,以形成对低碳技术创新的有力制度支撑。

总体而言,本章立足国家"双碳"战略目标,紧扣食品产业发展实际,通过构建"理念、技术、结构、激励、制度"五位一体的对策体系,系统阐释了低碳技术创新如何有效促进食品产业可持续发展的路径选择与实施策略,具有较强的现实针对性与战略指导意义。

第9章　结论和展望

本章将根据前面章节所做的研究,对本研究的主要结论、创新点、不足进行归纳总结,并进行展望。

9.1　基本结论

在新发展理念指导下,本研究以基于低碳技术创新来实现低碳食品产业的健康持续发展为目标,采用多学科理论知识的综合运用与综合分析的研究方法、文献分析与归纳演绎的研究方法、逻辑分析与逻辑归纳的研究方法、定性分析与定量研究的研究方法等,进行了较系统深入的研究,得到以下基本结论。

(1)本研究从研究背景和当前形势分析可知,基于低碳技术创新来实现低碳食品产业的健康持续发展意义重大。当前,全球所面临的气候变化与碳减排的背景、全球范围的低碳经济发展要求与碳减排的需要,以及可持续发展与生态文明建设新形势对低碳食品产业发展提出了新要求,特别是党的十九大将"坚持新发展理念""坚持人与自然和谐共生"确定为新时代坚持和发展中国特色社会主义的基本方略,提出"加快生态文明体制改革",要求在绿色低碳等领域培育新增长点、形成新动能,强调"加快建设创新型国家"等,都决定了本研究具有非常重要的时代价值与深远意义。

(2)梳理与分析已有相关研究的文献发现,在低碳技术创新促进低碳食品产业发展研究方面还存在许多不足与有待加强之处。一是没有形成基于低碳技术创新的低碳食品产业发展系统的理论基础,没有研究揭示低碳技术创新对低碳食品产业发展的促进机制;二是没有系统界定低碳食品技术创新、低碳食品产业发展等基本概念;三是没有针对低碳技术创新背景下低碳食品产业可持续发展问题,研究并提出系统的对策措施。

(3) 本研究认为,许多重要的相关理论对低碳技术创新及促进低碳食品产业发展具有重要指导作用。除了技术创新理论、低碳经济理论、生态文明理论、可持续发展理论等,新时代发展理念与现代经济体系理论也具有非常重要的指导作用。新时代新发展理念与现代经济体系理论,既为本研究基于低碳技术创新推动低碳食品产业发展研究指明了方向,明确了努力目标,又提出了综合性的要求,同时给本研究提供了综合性的指导。

(4) 本研究认为,SCP分析框架及其在低碳技术创新背景下低碳食品产业发展中的拓展应用的核心要素为产业结构、企业行为、企业绩效以及产业组织政策,可应用于食品企业低碳技术创新及食品产业发展分析。产业结构一般是指构成某一系统的各生产要素之间的内在联系方式及其特征。企业行为是指企业在充分考虑市场的供求条件以及和其他企业关系的基础上所采取的各种决策行为(或者说是企业为实现其既定目标而采取的适应市场要求的调整行为)。企业绩效是指在一定的市场结构下,通过一定的市场行为使某一产业在价格、产量、费用、利润、技术进步、产品质量和品种等方面所达到的现实状态。产业组织政策的实质是协调竞争与规模经济之间的矛盾以维持正常的市场秩序与促进有效竞争的方法与技术手段。

(5) 通过普通最小二乘法和回归分析,以及联立方程模型的稳健性分析,得到的结论为:企业开展低碳技术创新能够为企业带来效益上的提升。具体而言,企业在低碳技术创新方面的资金投入力度越大,则企业在利润、竞争力、管理能力和消费者评价方面能够得到的回报就越大。

(6) 企业因低碳技术创新而引起的食品产业系统的升级,最终为其带来企业效益的提升。作为外部冲击的低碳技术创新,能够通过SCP分析框架的作用机制,为企业带来良好的效益。本研究针对选定的案例企业基于低碳技术创新提升企业发展能力的SCP分析框架,也得到了检验。

(7) 本研究从案例企业所在食品行业的行业层面,分析低碳技术创新促进食品产业发展的基本衡量指标,得到的结论是,低碳技术创新由资金投入强度、工艺改进力度和人员投入力度来衡量;产业结构由企业间合作的紧密程度来衡量;企业行为由企业在生产中是否采用相关低碳技术、在管理中是否制定相关低碳措施、在态度上是否重视低碳化来衡量。

9.2 创新点

（1）本研究构建了低碳技术创新条件下食品产业发展的机制路径,拓展了SCP分析框架的内涵,初步构建了技术创新对低碳食品产业发展影响的评价分析理论框架与方法论思路。与传统SCP分析框架相比,本研究所构建的低碳技术创新条件下食品产业发展的SCP机制路径的优点表现在以下两方面。一是在微观层面克服了传统SCP分析框架遗漏变量的缺点,主要从低碳技术创新的角度研究了外部冲击对SCP体系的影响。二是在宏观层面综合了产业结构、企业行为和企业绩效这三个SCP核心要件之间的相互关系,由此将产业的发展体现为产业结构、企业行为和企业绩效这三个核心要件之间相互作用关系的升级和改善,弥补了传统SCP分析框架在内生性方面考虑不足的问题。初步构建了低碳技术创新背景下低碳食品产业发展的分析思路与理论框架。本研究阐明了低碳食品技术创新、低碳食品产业链等核心概念,将低碳经济理论、生态文明理论、可持续发展理论等理论引入低碳食品产业发展研究,探讨这些理论与低碳食品产业发展相互关系与理论指导作用;从理论和逻辑层面分析低碳食品技术创新推进低碳食品产业发展基本思路等,并从理论要求与实际需要出发,论证提出基于低碳食品技术创新推进低碳食品产业发展的对策措施。

同时,在此理论框架与方法论思路下,系统回答了低碳技术创新是否影响,以及如何影响低碳食品产业发展的问题。本研究归纳了低碳技术创新对食品产业发展的路径与促进机制,并通过该路径与促进机制,系统地回答了"低碳技术创新是否能够给企业带来绩效",以及"低碳技术创新通过何种机制为企业带来绩效"两个关联性问题。研究发现,作为产业发展系统外部冲击的低碳技术创新,激发了食品产业发展系统中各个环节的活力,形成了由低碳技术创新所引发的,从低碳食品产业结构,到食品企业行为,再到食品企业绩效的依次递进的促进效应。由低碳技术创新条件下的食品产业发展SCP分析框架,本研究认为低碳技术创新对食品产业发展的促进机制如下:企业开展低碳技术创新能够促进食品产业结构的升级,食品产业结构的升级能够推动企业实施低碳生产行为,食品企业低碳生产行为的实施最终能够促进企业经济效益和生态效益的提升。总之,企业开展低碳技术创新,不仅能够提高企业自身的效益,也能够通过充分促进食品产业发展系统中各环节的改善,实现食品产业的进步与发展。

(2)本研究阐明了新的理论概念"低碳食品技术创新""低碳食品产业链"等的理论内涵和理论特征。低碳食品技术创新是指低碳食品研发、生产、加工、包装、储藏、运输、销售、消费等诸多环节中进行的低碳技术创新。低碳食品技术创新具有以下显著特点:一是具有技术属性,要求在技术维度论创新;二是具有低碳指向性,要求以达到低碳目标论低碳技术创新;三是技术涉及行业宽广,要求从低碳食品研发、生产、加工、包装、储藏、运输、销售、消费等方面论低碳技术创新;四是安全性要求,要求以创新技术应用于食品领域时必须安全论低碳技术创新。分析凝练了"低碳食品产业链"的理论界定,认为低碳食品产业链包含了研发、生产、加工、包装、储藏、运输、销售、消费等主要环节的生产经营活动,使低碳食品产业链可以界定为围绕低碳食品生产加工、包装运输、食品消费等食品产业链而进行生产经营活动的有关企业及其生产经营活动的若干行业的链式组合,可以由"低碳食品研发与科技成果转化行业—低碳食品种养行业、生产加工与包装行业—低碳食品仓储与运输物流行业—低碳食品销售服务行业—低碳食品消费(回收)服务行业"等构成,并具有连续而有组织的生产经营活动的相关产业(行业)链式体系。

(3)本研究提出低碳技术创新背景下低碳食品产业健康持续发展的建设性观点与对策建议。包括加强低碳理念更新及其配套的产业发展的顶层设计、推动低碳食品链各环节的全面技术创新、促进低碳技术创新下的供给侧结构性改革与食品消费低碳化、加强对产供销等主体的综合激励、加强法规政策与行业规范等支持的针对性对策建议。

9.3 展望

基于低碳食品技术创新的低碳食品产业发展研究是一个新课题，无论是理论还是现实问题都值得深入探索。本研究对学术梳理与研究进展、基本理论依据与实践问题分析，以及低碳技术创新背景下低碳食品产业的发展对策进行了较系统的研究。但由于个人理论水平与研究能力有限，在以下几个方面的研究存在不足，这也是今后需要进一步深入研究的地方。

第一，当前对低碳食品技术创新与产业发展的理论研究尚不充分，无论在广度还是在深度上都有待加强。特别是对低碳食品产业链各环节，包括研发、生产、加工、包装、储藏、运输、销售、消费等方面的理论问题缺乏深入研究。

第二，由于各类食品企业数据收集存在不完整或难以获取的问题，未能对食品企业及行业的低碳技术创新问题、低碳技术创新与低碳食品产业发展进行更深入的定量分析。

第三，本研究主要针对低碳食品技术创新推动产业发展的共性规律展开探讨，虽然结合具体企业案例进行了实证分析，但所提出的低碳食品产业可持续发展的对策建议是基于整体产业视角的，因此，部分建议对特定案例企业而言可能缺乏可操作性。

总之，学术研究不是一日之功，笔者还要沿着本研究的方向做更深入的探索。

附　　录

附录1　食品企业低碳技术采用的调查问卷

第1题　引进低碳技术的花费在同类企业中的比较 [单选题]

本题平均分：2.95

选项	小计	比例
非常低	9	11.11%
比较低	18	22.22%
一般	26	32.1%
比较高	24	29.63%
非常高	4	4.94%
本题有效填写人次	81	

第2题　节能减排资金是否主要用于新技术开发 [单选题]

本题平均分：3.09

选项	小计	比例
几乎不用于	8	9.88%
较少用于	16	19.75%
一般	20	24.69%
多数用于	35	43.21%
绝大多数用于	2	2.47%
本题有效填写人次	81	

第3题　节能减排资金是否主要用于招募和培养科技人员［单选题］

本题平均分：2.94

选项	小计	比例
几乎不用于	5	6.17%
较少用于	27	33.33%
一般	19	23.46%
较多用于	28	34.57%
绝大多数用于	2	2.47%
本题有效填写人次	81	

第4题　节能减排资金是否主要用于加强企业管理［单选题］

本题平均分：3.26

选项	小计	比例
几乎不用于	3	3.7%
较少用于	21	25.93%
一般	17	20.99%
较多用于	32	39.51%
绝大多数用于	8	9.88%
本题有效填写人次	81	

第5题　节能减排资金是否主要用于优化生产工艺［单选题］

本题平均分：3.36

选项	小计	比例
几乎不用于	1	1.23%
较少用于	17	20.99%
一般	20	24.69%
较多用于	38	46.91%
绝大多数用于	5	6.17%
本题有效填写人次	81	

第6题　节能减排资金是否主要用于改造旧设备［单选题］

本题平均分:3.58

选项	小计	比例	
几乎不用于	3		3.7%
较少用于	7		8.64%
一般	20		24.69%
较多用于	42		51.85%
绝大多数用于	9		11.11%
本题有效填写人次	81		

第7题　节能减排资金是否主要用于购买新设备［单选题］

本题平均分:3.35

选项	小计	比例	
几乎不用于	5		6.17%
较少用于	8		9.88%
一般	26		32.1%
较多用于	38		46.91%
绝大多数用于	4		4.94%
本题有效填写人次	81		

第8题　是否与上游企业存在紧密的合作关系［单选题］

本题平均分:3.95

选项	小计	比例	
无合作	1		1.23%
很少合作	2		2.47%
一般	19		23.46%
较多合作	37		45.68%
紧密合作	22		27.16%
本题有效填写人次	81		

第9题　是否与下游企业存在紧密的合作关系 [单选题]

本题平均分:3.88

选项	小计	比例
无合作	0	0%
很少合作	5	6.17%
一般	22	27.16%
较多合作	32	39.51%
紧密合作	22	27.16%
本题有效填写人次	81	

第10题　是否与同类型企业存在紧密的合作关系 [单选题]

本题平均分:3.41

选项	小计	比例
无合作	1	1.23%
很少合作	13	16.05%
一般	28	34.57%
较多合作	30	37.04%
紧密合作	9	11.11%
本题有效填写人次	81	

第11题　日常经营和管理中是否普遍采用低碳技术 [单选题]

本题平均分:2.79

选项	小计	比例
不采用	6	7.41%
小范围采用	27	33.33%
一般	28	34.57%
大范围采用	18	22.22%
完全采用	2	2.47%
本题有效填写人次	81	

第12题　日常经营和管理中是否采用智能节能技术 [单选题]

本题平均分：2.78

选项	小计	比例	
不采用	7		8.64%
小范围采用	25		30.86%
一般	30		37.04%
大范围采用	17		20.99%
完全采用	2		2.47%
本题有效填写人次	81		

第13题　日常经营和管理中是否采用可再生能源技术 [单选题]

本题平均分：2.67

选项	小计	比例	
不采用	8		9.88%
小范围采用	27		33.33%
一般	32		39.51%
大范围采用	12		14.81%
完全采用	2		2.47%
本题有效填写人次	81		

第14题　日常经营和管理中是否采用二氧化碳捕获技术 [单选题]

本题平均分：1.93

选项	小计	比例	
不采用	41		50.62%
小范围采用	15		18.52%
一般	17		20.99%
大范围采用	6		7.41%
完全采用	2		2.47%
本题有效填写人次	81		

第15题　在与其他企业的合作中是否在意合作方是否采用低碳（节能减排）技术 [单选题]

本题平均分：2.99

选项	小计	比例
非常不在意	7	8.64%
比较不在意	17	20.99%
一般	34	41.98%
比较在意	16	19.75%
非常在意	7	8.64%
本题有效填写人次	81	

第16题　企业对节能减排的重视程度 [单选题]

本题平均分：3.8

选项	小计	比例
很不重视	1	1.23%
比较不重视	3	3.7%
一般	24	29.63%
比较重视	36	44.44%
非常重视	17	20.99%
本题有效填写人次	81	

第17题　企业的能耗记录情况 [单选题]

本题平均分：3.51

选项	小计	比例
很不完备	6	7.41%
比较不完备	3	3.7%
一般	28	34.57%
比较完备	32	39.51%
非常完备	12	14.81%
本题有效填写人次	81	

第18题　是否愿意为产品加贴低碳标签 [单选题]

本题平均分: 3.91

选项	小计	比例
非常不愿意	2	2.47%
比较不愿意	1	1.23%
一般	23	28.4%
比较愿意	31	38.27%
非常愿意	24	29.63%
本题有效填写人次	81	

第19题　是否支持建立低碳交易市场 [单选题]

本题平均分: 3.9

选项	小计	比例
非常不支持	1	1.23%
比较不支持	3	3.7%
一般	24	29.63%
比较支持	28	34.57%
非常支持	25	30.86%
本题有效填写人次	81	

第20题　企业有无节能减排目标 [单选题]

本题平均分: 3.48

选项	小计	比例
无目标	4	4.94%
有较为模糊的长期目标	10	12.35%
有较为模糊的短期目标	23	28.4%
有明确的短期目标	31	38.27%
有明确的长期目标	13	16.05%
本题有效填写人次	81	

第21题 企业主要的节能措施为 [多选题]

选项	小计	比例
合理用电	64	79.01%
进行工艺改造	57	70.37%
调整能源使用结构	41	50.62%
开展能效考核	47	58.02%
本题有效填写人次	81	

第22题 企业的效益情况 [单选题]

本题平均分:3.57

选项	小计	比例
非常差	0	0%
比较差	5	6.17%
一般	30	37.04%
比较好	41	50.62%
非常好	5	6.17%
本题有效填写人次	81	

第23题 企业的竞争能力 [单选题]

本题平均分:3.67

选项	小计	比例
非常差	0	0%
比较差	3	3.7%
一般	31	38.27%
比较好	37	45.68%
非常好	10	12.35%
本题有效填写人次	81	

第24题　企业经营管理能力［单选题］

本题平均分：3.8

选项	小计	比例	
非常差	0		0%
比较差	3		3.7%
一般	22		27.16%
比较好	44		54.32%
非常好	12		14.81%
本题有效填写人次	81		

第25题　消费者对企业产品生态效益的评价［单选题］

本题平均分：3.69

选项	小计	比例	
非常差	0		0%
比较差	3		3.7%
一般	29		35.8%
比较好	39		48.15%
非常好	10		12.35%
本题有效填写人次	81		

第26题　企业所在地［单选题］

选项	小计	比例	
安徽	5		6.17%
北京	4		4.94%
重庆	0		0%
福建	0		0%
甘肃	0		0%
广东	3		3.7%
广西	9		11.11%
贵州	0		0%

续表

选项	小计	比例
海南	0	0%
河北	0	0%
黑龙江	0	0%
河南	5	6.17%
香港	0	0%
湖北	0	0%
湖南	0	0%
江苏	16	19.75%
江西	1	1.23%
吉林	0	0%
辽宁	0	0%
澳门	0	0%
内蒙古	12	14.81%
宁夏	0	0%
青海	0	0%
山东	23	28.4%
上海	1	1.23%
山西	0	0%
陕西	0	0%
四川	1	1.23%
台湾	0	0%
天津	0	0%
新疆	0	0%
西藏	1	1.23%
云南	0	0%
浙江	0	0%
海外	0	0%
本题有效填写人次	81	

附录 2

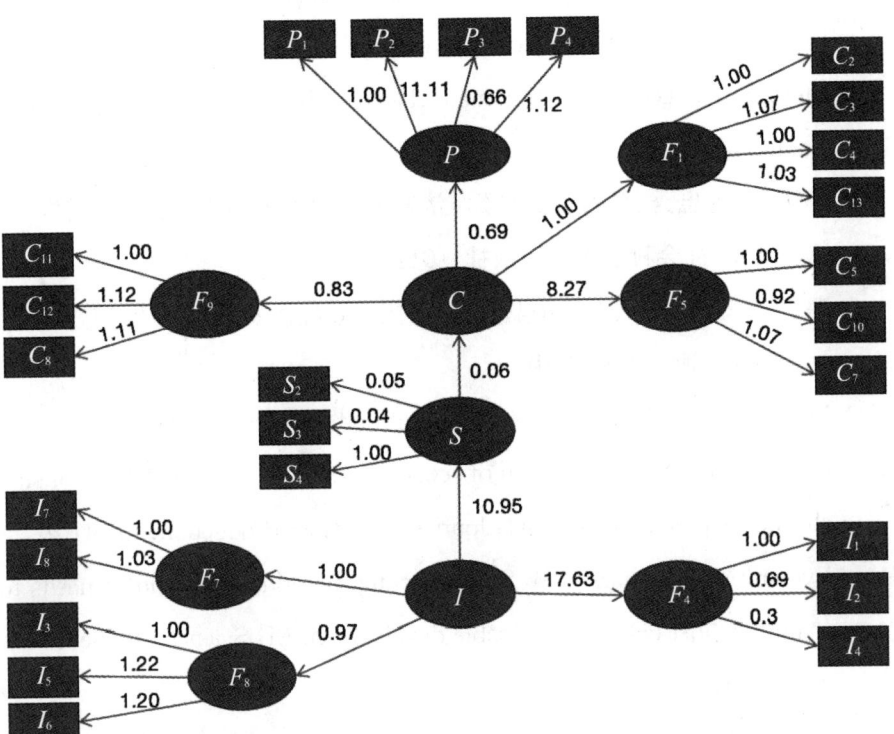

参考文献 REFERENCES

[1]　United Nations Development Programme (UNDP). Human development report 2007/2008 Fighting climate change: human solidarity in a divided world [R].New York: United Nations Development Programme, 2007.

[2]　Stern N. The economics of climate change: The stern review[M].Cambridge: Cambridge University Press, 2007.

[3]　薛进军,赵忠秀,戴彦德.低碳经济蓝皮书:中国低碳经济发展报告(2011) [M].北京:社会科学文献出版社,2011.

[4]　薛进军,赵忠秀.低碳经济蓝皮书:中国低碳经济发展报告(2016)[M].北京: 社会科学文献出版社,2016.

[5]　Morrison R.Ecological Democracy[M].South End Press,1995.

[6]　Halati A, He Y. .Intersection of economic and environmental goals of sustainable development initiatives[J].Journal of Cleaner Production,2018(10).

[7]　Everard M,Longhurst J W S.Reasserting the primacy of human needs to reclaim the "lost half"of sustainable development[M].Science of The Total Environment,2018(15).

[8]　Tsai D H A.The effects of dynamic industrial transition on sustainable development[J].Structural Change and Economic Dynamics,2018(44).

[9]　Juraschek M,Bucherer M,Schnabel F et al.Urban factories and their potential contribution to the sustainable development of cities[J]. Procedia CIRP, 2018(69).

[10]　杨孝伟,杨隽.低碳食品在低碳经济发展中的重要性研究[J].生态经济, 2011(4).

[11]　李丽华,王殿华.低碳食品链碳减排研究综述及未来研究建议[J].科技管理研究,2017(1).

[12]　李丽华,黎鹏.我国居民食品消费低碳化推进问题研究[J].生态经济,2017(9).

[13]　李丽华,罗苏华,黎鹏.低碳食品链促进可持续发展研究[J].新疆农垦经济,2016(7).

[14]　周培栋,连漪,田巧莉.西方技术创新理论发展综述[J].商场现代化,2007(6上).

[15]　董静,黄卫平.西方低碳经济理论的考察与反思——基于马克思生态思想视角[J].当代经济研究,2018(2).

[16]　Dou X S. The essence, feature and role of low carbon economy[J]. Environment, Development and Sustainability, 2015(1).

[17]　王雨辰.论马克思、恩格斯的生态文明理论及其当代价值[J].武汉科技大学学报(社会科学版),2018(1).

[18]　郇庆治.生态文明理论创新性研究的三个维度[N].中国环境报,2016-06-15(03).

[19]　张修玉.“两山理论”将引领生态文明建设走入新时代[J].中国生态文明,2017(5).

[20]　卢宁.从“两山理论”到绿色发展:马克思主义生产力理论的创新成果[J].浙江社会科学,2016(1).

[21]　戴云菲.可持续发展理论文献综述[J].商,2016(13).

[22]　张晓玲.可持续发展理论:概念演变、维度与展望[J].中国科学院院刊,2018(1).

[23]　Rabie M. A theory of sustainable sociocultural and economic development[M]. New York: Palgrave Macmillan, 2016.

[24]　熊彼特.经济发展理论[M].北京:商务印书馆,1991.

[25]　傅家骥.技术创新学[M].北京:清华大学出版社,1998.

[26]　欧阳建平,曹志平.技术创新定义综述及定义方法[J].中南工业大学学报(社会科学版),2001(4).

[27]　Wu Y. Efficient Technological Innovation: The Foundation of NGEs' Survival and Development in the New Stage[M]//Liu Y Q. New Interpretations on the Development of China's Non-Governmental Enterprises. Research Series on the Chinese Dream and China's Development Path. Singapore: Social Sciences Academic Press and Springer Nature Singapore Pte Ltd, 2017.

[28]　Liu J, Cheng Z, Zhong N.. Development of China's Manufacturing Sector: Industry Research[M]. Singapore: Springer, 2017.

[29]　Majumdar S, Guha S, Marakkath N. Technology and Innovation for Social Change[M]. New Delhi: Springer, 2015.

[30]　Gautschi H, Gautschi D. Tec. hnological Innovation and Economic Transformation A Method for Contextual Analysis[M]. New York: Palgrave Macmillan, 2016.

[31]　Haddud A, McAllen D K, DeSouza A R. Managing Technological Innovation in Digital Business Environments[J]. Marktorientiertes Produkt‐und Produktionsmanagement in digitalen Umwelten: Festgabe für Klaus Bellmann zum 75. Wiesbaden: Springer Gabler, 2018.

[32]　Wu J, Wu Z, Harrigan K R. Process quality management and technological innovation revisited: a contingency perspective from an emerging market[J]. The Journal of Technology Transfer, 2018(4).

[33]　Carayannis E G, Samara E T, Bakouros Y L, et al. Introduction to technological innovation[J]. Innovation and Entrepreneurship: Theory, Policy and Practice, , 2015.

[34]　Escandón-Quintanilla M L, Gardoni M, Cohendet P. Improving concept development with data exploration in the context of an innovation and technological design course[J]. International Journal on Interactive Design and Manufac-

turing (IJIDeM),2018.

[35] Mittal S K, Momaya K, Sushil. A framework conceptualization for national technological competitiveness[M]//Managing Flexibility: People, Process, Technology and Business. New Delhi：Springer,2015.

[36] 邵云飞,吴言波.突破性技术创新的动力因素及其协同效应——以智能汽车为例[J].电子科技大学学报(社科版),2017(1).

[37] Yuan Y, Ran Y, Zhang H, et al. A study on the impact of the manufacturing enterprises' competitive strategies on their performance—based on the intermediary role of technological innovation[C]//International Conference on Management Science and Engineering Management. Cham: Springer International Publishing, 2018.

[38] 余子鹏,王今朝.我国企业技术创新选择影响因素的实证分析[J].科研管理,2015(7).

[39] 李煜华,王月明,胡瑶瑛.基于结构方程模型的战略性新兴产业技术创新影响因素分析[J].科研管理,2015(8).

[40] 肖文,林高榜.政府支持、研发管理与技术创新效率——基于中国工业行业的实证分析[J].管理世界,2014(4).

[41] 袁建国,后青松,程晨.企业政治资源的诅咒效应——基于政治关联与企业技术创新的考察[J].管理世界,2015(1).

[42] 余泳泽,张少辉.城市房价、限购政策与技术创新[J].中国工业经济,2017(6).

[43] 王京,罗福凯.混合所有制、决策权配置与企业技术创新[J].研究与发展管理,2017(2).

[44] 冯根福,刘虹,冯照桢,等.股票流动性会促进我国企业技术创新吗?[J].金融研究,2017(3).

[45] 罗军.民营企业融资约束、对外直接投资与技术创新[J].中央财经大学学报,2017(1).

[46] Jin W, Zhang H, Liu S, et al. Technological innovation,environmental regu-

lation, and green total factor efficiency of industrial water resources [J]. Journal of Cleaner Production, 2019(211).

[47]　唐未兵,傅元海,王展祥.技术创新、技术引进与经济增长方式转变[J].经济研究,2014(7).

[48]　李苗苗,肖洪钧,赵爽.金融发展、技术创新与经济增长的关系研究——基于中国的省市面板数据[J].中国管理科学,2015(2).

[49]　陈海秋.基于资源和管理的技术创新能力的定义和统计分析[J].北京航空航天大学学报(社会科学版),2003(1).

[50]　Patra S K, Muchie M. Science and technological capability building in global south: Comparative study of India and South Africa[J]. Innovation, regional integration, and development in Africa: Rethinking theories, institutions, and policies, 2019.

[51]　Egbetokun A, Savin I. Absorptive capacity and innovation: when is it better to cooperate?[J]. The Evolution of Economic and Innovation Systems, 2015.

[52]　Dutta S, Narasimhan O M, Rajiv S. Conceptualizing and measuring capabilities: Methodology and empirical application[J]. Strategic Management Journal, 2005(3).

[53]　Forsman H. Innovation capacity and innovation development in small enterprises. A comparison between the manufacturing and service sectors[J]. Research Policy, 2011(5).

[54]　Lichtenthaler U. Absorptive capacity, environmental turbulence, and the complementarity of organizational learning processes[J]. The Academy of Management Journal, 2009(4).

[55]　Cantarello S, Martini A, Nosella A. A multi-level model for organizational ambidexterity in the search phase of the innovation process[J]. Creativity and Innovation Management, 2014(1).

[56]　Turner N, Swart J, Maylor H. Mechanisms for managing ambidexterity: A

review and research agenda[J]. International journal of management reviews, 2013(3).

[57] Chen V Z, Li J, Shapiro D M, et al. Ownership structure and innovation: An emerging market perspective[J]. Asia Pacific Journal of Management, 2014(31).

[58] Zhao Z J, Anand J. Beyond boundary spanners: The 'collective bridge' as an efficient interunit structure for transferring collective knowledge[J]. Strategic management journal, 2013(13).

[59] Wei Z, Yi Y, Guo H. Organizational learning ambidexterity, strategic flexibility, and new product development[J]. Journal of Product Innovation Management, 2014(4).

[60] 陈力田,许庆瑞,吴志岩.战略构想、创新搜寻与技术创新能力演化——基于系统动力学的理论建模与仿真研究[J].系统工程理论与实践,2014(7).

[61] 刘昌年,马志强,张银银.全球价值链下中小企业技术创新能力影响因素研究——基于文献分析视角[J].科技进步与对策,2015(4).

[62] 贾宪洲,谢冬梅.增强国家技术创新能力的路径研究——基于知识互补性的视角[J].技术经济与管理研究,2017(2).

[63] 潘宏亮,余光胜.社会资本、知识共享与企业技术创新能力的关系[J].情报志,2013(1).

[64] 陈恒,徐睿姝,付振通.企业技术创新能力与知识管理能力耦合评价研究[J].经济经纬,2014(1).

[65] 陈收,邹增明,刘端.技术创新能力生命周期与研发投入对企业绩效的影响[J].科技进步与对策,2015(12).

[66] 沈达勇.基于技术创新能力的中小企业内生性成长性研究[J].当代经济科学,2017(3).

[67] 蔡树堂,吕自圆.研发人员激励制度对企业技术创新能力影响程度的实证研究——以科技型中小企业为例[J].工业技术经济,2015(5).

[68] 吴延兵.不同所有制企业技术创新能力考察[J].产业经济研究,2014(2).

[69] 李国平,王春杨.我国省域创新产出的空间特征和时空演化——基于探索性空间数据分析的实证[J].地理研究,2012(1).

[70] 李婧,谭清美,白俊红.中国区域创新生产的空间计量分析——基于静态与动态空间面板模型的实证研究[J].管理世界,2010(7).

[71] 王春杨,张超.中国地级区域创新产出的时空模式研究——基于ESDA的实证[J].地理科学,2014(12).

[72] 王俊松,颜燕,胡曙虹.中国城市技术创新能力的空间特征及影响因素——基于空间面板数据模型的研究[J].地理科学,2017(1).

[73] Kindras A, Meissner D, Vishnevskiy K. Regional foresight for bridging national science, technology, and innovation with company innovation: experiences from Russia[J]. Journal of the Knowledge Economy, 2019(4).

[74] 戚湧,杨帆.基于最优金融结构理论的区域创新能力研究[J].科技进步与对策,2018(23).

[75] 张冀新,胡维丽.基于"四三结构"的战略性新兴产业创新能力非均衡判别与评价[J].科技进步与对策,2018(21).

[76] 袁旭梅,张旭,王亚娜.中国高新技术产业区域协同创新能力评价与分类[J].中国科技论坛,2018(9).

[77] Monnerjahn V, Bruder E, Gramlich S, et al. The CRC666 Approach: Realizing Optimized Solutions Based on Production Technological Innovation[J]. Manufacturing Integrated Design: Sheet Metal Product and Process Innovation, 2017.

[78] 杨国忠,颜鸷.中国高新技术产业的区域创新能力评价研究[J].工业技术经济,2015(9).

[79] 叶莉、王奥明、荣宇浩.基于突变级数的高技术产业自主创新能力评价及障碍诊断——以我国30省市区为例[J].工业技术经济,2018(1).

[80] 梅梅,王小迪.吉林省技术创新能力:分析与评价[J].当代经济研究,

2014(9).

[81] 阳立高,卢毅,伍慧,等.欠发达地区技术创新能力评价与培育研究——基于湘西地区的实证分析[J].财经理论与实践,2014(6).

[82] 陈英葵,丁伟.西部欠发达地区技术创新能力评价研究——基于贵州制造业的实证分析[J].区域经济评论,2016(2).

[83] 曹兴,张伟,张云.战略性新兴产业自主技术创新能力测度与评价[J].中南大学学报(社会科学版),2017(1).

[84] 陈华,祝琴,喻登科,等.江西省科技型小微企业创新能力评价及提升对策研究[J].科技进步与对策,2014(13).

[85] 李玥,张雨婷,郭航,等.知识整合视角下企业技术创新能力评价[J].科技进步与对策,2017(1).

[86] Jurowetzki R, Lema R, Lundvall B Å. Combining innovation systems and global value chains for development: Towards a research agenda[J]. The European Journal of Development Research, 2018(3).

[87] 张培富,李艳红.技术创新过程的自组织进化[J].科学管理研究,2000(6).

[88] 游晓凌,周光勇,陈阳.基于技术路线图的技术创新过程研究[J].科技进步与对策,2011(8).

[89] Kalapouti K, Petridis K, Malesios C, et al. Measuring efficiency of innovation using combined Data Envelopment Analysis and Structural Equation Modeling: empirical study in EU regions[J]. Annals of Operations Research, 2017.

[90] 陈伟,杨佳宁,康鑫.企业技术创新过程中知识转移研究——基于信息论视角[J].情报杂志,2011(12).

[91] 姜炳麟,梁西章.中国技术创新阶段研究及对策[J].商业研究,2004(17).

[92] Boavida N. The Use and Influence of Indicators in Decisions About Technological Innovation: Quantitative Results from Questionnaires in Portugal[J]. Scientific Knowledge and the Transgression of Boundaries, 2016.

[93]　张继良,李琳琳.R&D资助差异与企业技术创新阶段的关系研究[J].科学学研究,2014(11).

[94]　Ding X, Guo T, Guo Z. Research on innovation strategy choice of science and technology entrepreneurial firms based on technological innovation input [C]//International Conference on Management Science and Engineering Management. Cham: Springer International Publishing, 2018.

[95]　Schubert T, Baier E, Rammer C. Firm capabilities, technological dynamism and the internationalisation of innovation: A behavioural approach[J]. Journal of International Business Studies, 2018.

[96]　Bagheri M, Mitchelmore S, Bamiatzi V, et al. Internationalization orientation in SMEs: The mediating role of technological innovation[J]. Journal of International Management, 2019.

[97]　Anzola-Román P, Bayona-Sáez C, García-Marco T.Organizational innovation, internal R&D and externally sourced innovation practices: Effects on technological innovation outcomes[J].Journal of Business Research,2018(10).

[98]　李瑞红,赵慧峰.食品加工业的科技创新及对策研究[J].食品工业,2011(11).

[99]　边明英,孙虹.我国食品工业的技术创新能力研究[J].科技管理研究,2013(18).

[100]　Sun S, Anwar S. Product innovation in China's food processing industries[J]. Journal of Economics and Finance,2018(42).

[101]　邬一羽,李骏,王丽娟.食品安全视角下农副食品加工业融资效率分析与技术创新能力研究[J].食品与生物技术学报,2014(7).

[102]　Furuzawa S, Kiminami L. Changes in the international specialization of food manufacturing industry in East Asia[J]. Asia-Pacific Journal of Regional Science, 2017(2).

[103]　李晓钟,王玉奇.FDI对中国食品工业技术溢出效应分析[J].国际经济合作,

2011(7).

[104] 陈晓莉.经济发展与食品工业技术创新关系的实证分析[J].开发研究,
2009(6).

[105] 纪巍,张爱群,于叶青,等.食品产业技术创新战略联盟建设研究[J].食品研究与开发,2014(18).

[106] 耿敬章,李新生,党娅,等.汉中食品产业发展现状[J].饮料工业,2013(2).

[107] 谭向勇.中国食品工业的现状及发展趋势研究[J].北京工商大学学报(自然科学版),2010(1).

[108] 黄晓琴.以科技创新驱动我国食品产业的发展[J].食品工程,2016(1).

[109] 宋国宇.中国绿色食品产业发展演化阶段的判定与分析[J].中国科技论坛,
2012(3).

[110] 黄漫宇,彭虎锋.中国绿色食品产业发展水平的地区差异及影响因素分析
[J].中国农业科学,2014(23).

[111] 齐志庆.黑龙江垦区绿色食品产业的技术创新研究[J].商场现代化,
2014(32).

[112] 石嫣,程存旺,雷鹏,等.生态型都市农业发展与城市中等收入群体兴起相关性分析——基于"小毛驴市民农园"社区支持农业(CSA)运作的参与式研究[J].贵州社会科学,2011(2).

[113] Janssen B.Local food,local engagement:Community—supported agriculture in eastern iowa[J].Culture and Agriculture,2010(32).

[114] Lin B,Lei X. Carbon emissions reduction in China's food industry[J].Energy Policy,2015(11).

[115] 孙滔.低碳农业——食品安全的决定性因素之一[J].食品研究与开发,
2014(18).

[116] 孙韬.低碳经济对食品安全的推动作用[J].经济视角,2013(12).

[117] Olesen I,Alfnes F,Røra M B,et al. Eliciting consumers' willingness to pay for organic and welfare-labelled salmon in a non-hypothetical choice experi-

ment[J]. Livestock Science, 2010(127).

[118] Adaman F, Karalı N, Kumbaroğlu G, et al. What determines urban house-holds' willingness to pay for CO2 emission reductions in Turkey: A contingent valuation survey[J]. Energy Policy, 2011(2).

[119] Kimura A, Wada Y, Kamada A, et al. Interactive effects of carbon footprint information and its accessibility on value and subjective qualities of food products[J]. Appetite, 2010(2).

[120] 曾贤刚. 我国城镇居民对 CO2 减排的支付意愿调查研究[J]. 中国环境科学, 2011(2).

[121] Fujii H, Kondo Y. Decomposition analysis of food waste management with explicit consideration of priority of alternative management options and its application to the Japanese food industry from 2008 to 2015[J]. Journal of Cleaner Production, 2018(188).

[122] 应瑞瑶, 徐斌, 胡浩. 城市居民对低碳农产品支付意愿与动机研究[J]. 中国人口·资源与环境, 2012(11).

[123] Fei R, Lin B. Technology gap and CO2 emission reduction potential by technical efficiency measures: A meta-frontier modeling for the Chinese agricultural sector[J]. Ecological Indicators, 2017(2).

[124] Cillis D, Maestrini B, Pezzuolo A, et al. Modeling soil organic carbon and carbon dioxide emissions in different tillage systems supported by precision agriculture technologies under current climatic conditions[J]. Soil and Tillage Research, 2018(183).

[125] Lin B, Xu B. Factors affecting CO2 emissions in China's agriculture sector: A quantile regression[J]. Renewable and Sustainable Energy Reviews, 2018(94).

[126] Zhao R, Liu Y, Tian M, et al. Impacts of water and land resources exploitation on agricultural carbon emissions: The water-land-energy-carbon nexus[J].

Land Use Policy, 2018(3).

[127] Howard P H, Allen P. Beyond organic and fair trade? An analysis of ecolabel preferences in the united states[J]. Rural Sociology, 2010(2).

[128] Raynolds L T. Re-embedding global agriculture: The international organic and fair trade movements[J]. Agriculture and Human Values, 2000(17).

[129] 李杨. 基于低碳理论视角下的食品工业经济可持续发展研究[J]. 商场现代化, 2015(12).

[130] Meneses Y E, Stratton J, Flores R A. Water reconditioning and reuse in the food processing industry: Current situation and challenges[J]. Trends in food science & technology, 2017(61).

[131] Triguero A, Fernández S, Sáez-Martinez F J. Inbound open innovative strategies and eco-innovation in the Spanish food and beverage industry[J]. Sustainable Production and consumption, 2018(15).

[132] Reardon T, Echeverria R, Berdegué J, et al. Rapid transformation of food systems in developing regions: Highlighting the role of agricultural research & innovations[J]. Agricultural systems, 2019(172).

[133] 马爱进, 赵海珍. 肉制品生命周期中温室气体排放及减控措施探析[J]. 肉类研究, 2011(1).

[134] Zhang Z, Godefroy S B, Lyu H, et al. Transformation of China's food safety standard setting system - Review of 50 years of change, opportunities and challenges ahead[J]. Food Control, 2018(93).

[135] Ueasangkomsate P, Jangkot A. Enhancing the innovation of small and medium enterprises in food manufacturing through Triple Helix Agents[J]. Kasetsart Journal of Social Sciences, 2019(2).

[136] Meyers S, Schmitt B, Chester-Jones M, et al. Energy efficiency, carbon emissions, and measures towards their improvement in the food and beverage sector for six European countries[J]. Energy, 2016(104).

[137]　王晓莉,吴林海.基于 Interval Censor 的我国中部地区低碳食品发展研究——以河南省为例[J].资源开发与市场,2014(1).

[138]　Azhar B, Saadun N, Prideaux M, et al. The global palm oil sector must change to save biodiversity and improve food security in the tropics[J]. Journal of environmental management, 2017(203).

[139]　Luque A, Peralta M E, De Las Heras A, et al. State of the Industry 4.0 in the Andalusian food sector[J]. Procedia Manufacturing, 2017(13).

[140]　王华书,林光华,韩纪琴.加强食品质量安全供应链管理的构想与对策[J].农业现代化研究,2010(3).

[141]　Philipp M, Schumm G, Peesel R H, et al. Optimal energy supply structures for industrial food processing sites in different countries considering energy transitions[J]. Energy, 2018(146).

[142]　Hegde S, Lodge J S, Trabold T A. Characteristics of food processing wastes and their use in sustainable alcohol production[J]. Renewable and Sustainable Energy Reviews, 2018(81).

[143]　Gowreesunker B L, Mudie S, Tassou S A. The impact of the UK's emissions reduction initiative on the national food industry[J]. Energy Procedia, 2017(123).

[144]　Xu Y, Szmerekovsky J. System dynamic modeling of energy savings in the US food industry[J]. Journal of Cleaner Production, 2017(165).

[145]　Ali M H, Suleiman N. Sustainable food production: Insights of Malaysian halal small and medium sized enterprises[J]. International Journal of Production Economics, 2016(181).

[146]　Hullova D, Simms C D, Trott P, et al. Critical capabilities for effective management of complementarity between product and process innovation: Cases from the food and drink industry[J].Research Policy,2019(1).

[147]　Asioli D, Aschemann-Witzel J, Caputo V, et al. Making sense of the "clean

label" trends: A review of consumer food choice behavior and discussion of industry implications[J]. Food Research International, 2017(99).

[148] Woodhouse A, Davis J, Pénicaud C, et al. Sustainability checklist in support of the design of food processing[J]. Sustainable Production and Consumption, 2018(16).

[149] De Vries H, Mikolajczak M, Salmon J M, et al. Small-scale food process engineering—Challenges and perspectives[J]. Innovative food science & emerging technologies, 2018(46).

[150] Anderson S T, Newell R G. Information programs for technology adoption: the case of energy‐efficiency audits[J]. Resource and Energy economics, 2004(1).

[151] Thollander P, Ottosson M. An energy efficient Swedish pulp and paper industry‐exploring barriers to and driving forces for cost‐effective energy efficiency investments[J]. Energy Efficiency, 2008(1).

[152] 胡美琴,骆守俭.基于制度与技术情境的企业绿色管理战略研究[J].中国人口·资源与环境,2009(6).

[153] Varun, Sharma A, Nautiyal H. Environmental impacts of packaging materials[M]//Environmental Footprints of Packaging. Singapore: Springer Singapore, 2015.

[154] 戴宏民,戴佩燕.绿色包装发展的新趋势[J].包装学报,2016(1).

[155] 刘羽,孙超.低碳环境下食品包装的优化设计[J].包装工程,2012(18).

[156] 张威媛,孙超.低碳环境下食品包装设计的绿色特征[J].艺术与设计(理论),2013(3).

[157] 倪晓娟.低碳经济下食品包装的发展方向[J].上海包装,2010(10).

[158] 王恒.低碳经济环境下我国食品包装的低碳化问题[J].河南工业大学学报(社会科学版),2013(2).

[159] Lin B, Lei X.Carbon emissions reduction in China's food industry[J].Energy

　　　Policy,2015(86).

[160]　董蕊.浅析食品包装低碳与安全要求趋势[J].中国标准化,2015(4).

[161]　周培勤.欧美饮食新文化:"食物里程"[J].环境保护,2010(7).

[162]　曲如晓,李凯杰.国际贸易中的"食物里程"[J].国际经济合作,2011(8).

[163]　Van Hauwermeiren A, Coene H, Engelen G, et al. Energy lifecycle inputs in food systems: a comparison of local versus mainstream cases[J]. Journal of Environmental Policy & Planning, 2007(1).

[164]　朱奎.我国食品冷藏集装箱运输节能技术[J].集装箱化,2012(5).

[165]　Ndraha N, Hsiao H I, Vlajic J, et al. Time-temperature abuse in the food cold chain: Review of issues, challenges, and recommendations[J]. Food Control, 2018(89).

[166]　James S J,James C,Evans J A.Modelling of food transportation systems-a review[J].International Journal of Refrigeration,2006(6).

[167]　Fisher M L. What is the right supply chain for your product[J]. Operations management: critical perspectives on business and management, 2003(4).

[168]　Chopra S. Designing the distribution network in a supply chain[J]. Transportation Research Part E: Logistics and Transportation Review, 2003(2).

[169]　桂华明,马士华.食品企业产品分销运输资源整合研究[J].物流科技,2007(3).

[170]　Aoki K. Do consumers select food products based on carbon dioxide emissions? Evidence from a buying experiment in Japan[R]. ISER Discussion Paper, 2009.

[171]　Shuai C M, Ding L P, Zhang Y K, et al. How consumers are willing to pay for low-carbon products? - Results from a carbon-labeling scenario experiment in China[J]. Journal of Cleaner Production, 2014(83).

[172]　朱清海.低碳环保:西方农业食品文化运动的新理念[J].生态经济,2012(9).

[173]　李皇照.消费者驱动低碳农业发展——食品配销与消费策略之探讨[J].台湾

农业探索,2010(4).

[174] Khan A, Tandon P. Closing the Loop: 'Systems perspective' for the design of food packaging to facilitate material recovery[C]//Research into Design for Communities, Volume 2: Proceedings of ICoRD 2017. Springer Singapore, 2017.

[175] Mlalila N, Kadam D M, Swai H, et al. Transformation of food packaging from passive to innovative via nanotechnology: concepts and critiques[J]. Journal of food science and technology, 2016(53).

[176] 张玉霞.国内外食品用塑料包装回收立法概况[J].河北化工,2010(11).

[177] Song G, Zhang H, Duan H, et al. Packaging waste from food delivery in China's mega cities[J]. Resources, conservation and recycling, 2018(130).

[178] 王美华.我国食品包装材料回收利用的现状和发展动态[J].包装世界, 2008(6).

[179] Dahlbo H, Poliakova V, Mylläri V, et al. Recycling potential of post-consumer plastic packaging waste in Finland[J]. Waste management, 2018(71).

[180] 刘海军,孙井坤,王洪江,等.食品纸塑铝复合包装废弃物的回收工艺设计及设备选型[J].黑龙江八一农垦大学学报,2013(2).

[181] 赵大伟.基于绿色食品产业成长期的技术创新研究[J].农场经济管理, 2007(4).

[182] 戴晋,张运栋,秦素研.冷链食品产业发展现状与技术创新分析[J].物流技术与应用,2018(S1).

[183] Ab O L P. The Capability of the Food Industry in a Small Country to Utilize Technological Innovations[J]. Food Technology in the Year 2000: Proceedings of the International Minisymposium on Food Technology in the Year 2000, Helsinki, November 14, 1989, 1990 (47).

[184] Zhang H, Fen X U, Yu W U, et al. Progress of potato staple food research and industry development in China[J]. Journal of integrative agriculture,

2017,(12).

[185]　郭顺堂.中国大豆食品产业发展的现状及技术创新[J].大豆科技,2010(6).

[186]　Schmalensee R.Industrial economics:An overview[J].The Economic Journal, 1988(98).

[187]　Mason E S. Price and production policies of large-scale enterprise[J]. The American economic review, 1939(1).

[188]　Stigler G J. Price and non-price competition[J]. Journal of Political Economy, 1968(1).

[189]　Posner R A.The chicago school of antitrust analysis[J].University of Pennsylvania Law Review,1979(4).

[190]　Reder M W. Chicago economics: permanence and change[J]. Journal of economic literature, 1982(1). Ostrom E. Understanding institutional diversity[M]. Princeton: Princeton University Press,[194]2009.

[191]　阳玉香.低碳经济评价指标体系的构建及实证[J].统计与决策,2012(16).

[192]　徐泓,朱秀霞.低碳经济视角下企业社会责任评价指标分析[J].中国软科学, 2012(1).

[193]　王晓莉.中国食品工业企业低碳生产转型研究:理论框架与案例分析[D].无锡:江南大学,2013.

[194]　张熠,王先甲.低碳视角下企业技术创新能力评价指标体系构建及评价研究[J].数学的实践与认识,2017(12).

[195]　陈强.高级计量经济学及Stata应用[M].高等教育出版社,2010.

后记 POSTSCRIPT

在"双碳"战略全面推进的背景下,推动传统产业向绿色低碳方向转型已成为我国实现高质量发展的关键路径。食品产业作为连接农业生产与居民消费的重要环节,其绿色转型不仅关乎生态文明建设的战略成效,更直接关系到人民群众的生活质量与食品安全保障。技术创新,尤其是低碳导向的技术创新,正在成为食品产业可持续发展的核心动力。

本研究的过程跨越数年,得到了多方的支持和协助。在此,谨向辅助的研究人员、企业家以及为研究提供数据和实地考察支持的企业致以诚挚的感谢。特别感谢天津科技大学的专家学者们在理论架构、案例分析等方面提供的宝贵意见与指导。特别感谢广西民族大学给予的经费与平台保障(广西民族大学2019年引进人才科研启动项目,项目编号302060812)。希望本研究能在推动食品产业绿色发展、实现低碳转型方面有所贡献。

还要感谢出版社的诸位同志在编辑出版过程中严谨认真,提出许多宝贵的建议,也付出了辛勤的劳动。

研究过程中,我们始终坚持以国家战略目标为引领,以实际问题为导向,注重理论与实践的结合,力求在内容上严谨、结构上系统、表达上规范。尽管在编写过程中力求准确完整,但因研究视角和能力所限,书中尚存不足之处,恳请专家学者和读者批评指正,以助后续研究不断深化与完善。